EDUCANDO PARA O PENSAR

Dados Internacionais de Catalogação na Publicação (CIP)
(Câmara Brasileira do Livro, SP, Brasil)

Educando para o pensar / Eder Alonso Castro, Paula
Ramos-de-Oliveira, (organizadores).
- São Paulo : Cengage Learning, 2011.

2. reimpr. da 1. ed. de 2002.
Vários autores.
ISBN 85-221-0300-3

1. Educação - Filosofia 2. Educação - Finalidades e objetivos 3. Pensamento - Estudo e ensino
4. Prática de ensino I. Castro, Eder Alonso. II. Ramos-de-Oliveira, Paula.

02.3510   CDD - 370.15207

Índice para catálogo sistemático:

1. Pensamento : Estudo e ensino : Educação 370.15207

EDUCANDO PARA O PENSAR

Organizadores:
Eder Alonso Castro
Paula Ramos-de-Oliveira

Revisão de texto:
Newton Ramos-de-Oliveira

Austrália • Brasil • Japão • Coréia • México • Cingapura • Espanha • Reino Unido • Estados Unidos

Educando para o Pensar

Eder Alonso Castro
Paula Ramos-de-Oliveira (organizadores)

Gerente Editorial: Adilson Pereira

Editora de Desenvolvimento: Eugênia Pessotti

Produtora Gráfica: Patricia La Rosa

Copidesque: Janice Yunes

Revisão: Simone Sant'ana da Veiga e Sandra Garcia Cortes

Diagramação: Macquete

Capa: Paulo Cesar

© 2002 Cengage Learning Edições Ltda.

Todos os direitos reservados. Nenhuma parte deste livro poderá ser reproduzida, sejam quais forem os meios empregados, sem a permissão, por escrito, da Editora.
Aos infratores aplicam-se as sanções previstas nos artigos 102, 104, 106 e 107 da Lei nº 9.610, de 19 de fevereiro de 1998.

Para informações sobre nossos produtos, entre em contato pelo telefone **0800 11 19 39**

Para permissão de uso de material desta obra, envie seu pedido para **direitosautorais@cengage.com**

© 2002 Cengage Learning. Todos os direitos reservados.

ISBN: 85-221-0300-3

Cengage Learning
Condomínio E-Business Park
Rua Werner Siemens, 111 – Prédio 20 – Espaço 04
Lapa de Baixo – CEP 05069-900 – São Paulo – SP
Tel.: (11) 3665-9900 – Fax: (11) 3665-9901
SAC: 0800 11 19 39

Para suas soluções de curso e aprendizado, visite
www.cengage.com.br

Impresso no Brasil.
Printed in Brazil.
1 2 3 4 5 6 7   15 14 13 12 11

APRESENTAÇÃO

Este trabalho nasceu da preocupação de se criar um espaço de discussão, de alternativas criativas e críticas sobre propostas de uma educação que proporcione aos educandos um pensar de qualidade. Diante dessa preocupação, o Centro de Filosofia de Ribeirão Preto (Cefirp), através de seus diretores, se propôs a organizar um evento que discutisse o assunto. O primeiro passo foi encontrar educadores com propostas que responderiam aos anseios colocados. Nessa busca, encontramos Paula Ramos-de-Oliveira, professora da Unesp (*campus* de Araraquara) que há muito compartilha com essas necessidades. Conhecedora do trabalho e da proposta que o Cefirp representa, Paula colocou-se, com exagerada presteza, a buscar conosco pessoas capacitadas a partilhar suas idéias. Esse trajeto teve uma longa duração, ao mesmo tempo que uma riqueza imensa nos contatos realizados.

Antes de falar do presente livro, é necessário falar do evento que originou o Primeiro Seminário "O Pensar na Educação", ocorrido nos dias 9 e 10 de junho de 2000 em Ribeirão Preto (SP). O propósito era reunir professores da educação básica para discutir alternativas de melhoria do pensar da educação, e realizar um seminário foi conseqüência natural. Fizemos os contatos e formamos uma equipe de alta qualidade. Seus membros tornaram-se os debatedores, palestrantes do evento e autores dos textos que aqui se encontram.

O Seminário foi composto por duas mesas-redondas com debatedores que enfocaram, na primeira, o Ensino Fundamental e, na segunda, a educação infantil. Em outro momento, houve apresentação de trabalhos que propunham uma educação reflexiva, em várias áreas da educação básica. O Seminário contou com a participação de aproximadamente 250 pessoas e teve repercussão muito positiva em Ribeirão Preto e região. Em virtude do sucesso do evento, convidamos os palestrantes/debatedores e outras pessoas da comissão acadêmica para compor esta publicação.

É com muito orgulho que o Cefirp apresenta esta obra que foi organizada por Eder Alonso Castro e Paula Ramos-de-Oliveira e que contou com a colaboração efetiva de José Henrique Cardoso Silva nos contatos e na elaboração da diagramação inicial dos textos, bem como a de Newton Ramos-de-Oliveira no trabalho de revisão textual.

CEFIRP

OS AUTORES

Cláudio Romualdo é graduado em Pedagogia e Filosofia pela PUC de Curitiba, professor e vice-reitor do Centro Universitário Moura Lacerda de Ribeirão Preto, coordenador do Curso de Graduação em Filosofia e doutorando pela American Word Universit de New Jersey (EUA).

Eder Alonso Castro é formado em Filosofia, Pedagogia e Educação Artística, monitor do Centro Brasileiro de Filosofia para Crianças, diretor do Centro de Filosofia de Ribeirão Preto, mestre e doutorando em Educação pela UFSCar (São Carlos) e professor de Filosofia e de Ética da Universidade Ribeirão Preto.

Marcos Antônio Lorieri é formado em Filosofia, diretor pedagógico do Centro de Filosofia para Crianças (CBFC), mestre e doutor pela PUC São Paulo, publicou artigos em vários livros, colaborador na produção intelectual de Filosofia para crianças no Brasil e professor de Filosofia da Educação da PUC São Paulo, onde coordena o Curso de Especialização em Educação Para o Pensar.

Maria Lúcia de Arruda Aranha é graduada em Filosofia pela PUC São Paulo, durante muito tempo atuou como professora de filosofia no 2º Grau e é co-autora de uma das obras mais divulgadas de Filosofia para o Ensino Médio, *Filosofando* (Editora Moderna).

Marilda da Silva é formada em Pedagogia, mestre em Filosofia e História da Educação pela PUC São Paulo, doutora em Educação pela FE — USP/SP. Prof.ª dr.ª do Departamento de Didática da Faculdade de Ciências e Letras (FCL) da Unesp (*Campus* de Araraquara) e autora do livro *Controvérsias em didática* (Papirus).

Maristela Angotti é pedagoga formada pela Faculdade de Ciências e Letras da Unesp (Araraquara), onde hoje atua como professora de Metodologia do Ensino Fundamental e Médio do Departamento de Didática da mesma instituição, mestre e doutora em Educação pela UFSCar, diretora do Instituto Taquaritinguense de Ensino Superior-ITES e autora do livro *O Trabalho docente na pré-escola: revisitando teorias, descortinando práticas* (Editora Pioneira).

Marlene Fagundes Carvalho Gonçalves é formada em Pedagogia, mestre em Psicologia Educacional pela Unicamp, doutora em Educação pela FE da USP (SP) e professora do Centro Universitário Moura Lacerda.

Paula Ramos-de-Oliveira é formada em Ciências Sociais — licenciatura e bacharelado (Antropologia) — pela Unicamp, mestre em Filosofia e Metodologia das Ciências, doutora em Educação pela UFSCar e professora de Filosofia da Educação do Departamento de Ciências da Educação da Faculdade de Ciências e Letras (FCL) da Unesp (*Campus* de Araraquara).

SUMÁRIO

Querância	XIII
INTRODUÇÃO	XV
PARTE I: O PENSAR NA EDUCAÇÃO	1

I.1 O QUE É UMA EDUCAÇÃO PARA O PENSAR?
Maria Lúcia de Arruda Aranha	3
I.1.1 Um olhar sobre a sociedade contemporânea	4
I.1.2 Pensar a partir de objetivos humanos	6
I.1.3 O conceito intersubjetivo da autonomia do pensar	7
I.1.4 Quem educa o educador?	9
Referências bibliográficas	9

I.2 EDUCAÇÃO PARA O PENSAR
Marcos Antônio Lorieri	11
I.2.1 Introdução	11

    I.2.2 Um pouco da história e do conteúdo do programa
         Filosofia para Crianças 14
    I.2.3 As habilidades cognitivas e seu papel no "pensar bem",
         segundo Lipman... 16
    I.2.4 Reforçando algo que já foi dito.. 30
Referências bibliográficas 31

I.3 O PROGRAMA FILOSOFIA PARA CRIANÇAS E A EDUCAÇÃO PARA A CIDADANIA

Marcos Antônio Lorieri 33
    I.3.1 Competências "filosóficas"... 34
    I.3.2 Competências cognitivas 36
    I.3.3 Competências dialógicas.. 37
Referências bibliográficas 39

PARTE II: O PENSAR NA EDUCAÇÃO INFANTIL 41

II.1 ALTERNATIVAS PARA SE PENSAR O PENSAR NA EDUCAÇÃO INFANTIL: CRIANÇA, ADULTO E LITERATURA ORAL

Marilda da Silva... 43
    II.1.1 A triste aventura entre forças desiguais: criança *versus*
         adulto 46
    II.1.2 Literatura oral como recurso didático promissor
         ao exercício do trabalhador docente na educação
         infantil 49
Referências bibliográficas 52

II.2 O PENSAR CRÍTICO NA EDUCAÇÃO INFANTIL: INTENÇÃO OU FICÇÃO?

Maristela Angotti 54
Referências bibliográficas 69

PARTE III: PENSANDO O PENSAR 71

III.1 PENSANDO SOBRE EDUCAÇÃO, ÉTICA E TRANSVERSALIDADE
Eder Alonso Castro 73
   III.1.1 Conceito de filosofia 74
   III.1.2 Matthew Lipman e a educação para o pensar 77
   III.1.3 Referencial curricular nacional de educação infantil 83
   III.1.4 Parâmetros Curriculares Nacionais 86
   III.1.5 Considerações finais 89
Referências bibliográficas 91

III.2 CALA A BOCA JÁ MORREU?!
Paula Ramos-de-Oliveira 93
   III.2.1 "Pequenas histórias": elementos para reflexão 93
   III.2.2 A (des)educação promovida pela escola 96
   III.2.3 Filosofia e educação para o pensar: resgatando a criança como pessoa-sujeito 98
   III.2.4 Decifra-me ou devoro-te: considerações finais 101
Referências bibliográficas 101

III.3 A CONSTRUÇÃO DO PENSAMENTO: UMA CONTRIBUIÇÃO DA PSICOLOGIA
Marlene Fagundes Carvalho Gonçalves 103
Referências bibliográficas 109

III.4 O PENSAR NO ENSINO SUPERIOR
Cláudio Romualdo 110
   III.4.1 Introdução 110
   III.4.2 Andragogia é a antítese da pedagogia 116
   III.4.3 As premissas andragógicas 117
   III.4.4 Princípios andragógicos 118
   III.4.5 Construção da prática andragógica no ensino superior 120
Referências bibliográficas 124

querância

quero a literatura
um tesouro que perdura
quero a jabuticaba
como um bem que não se acaba
de mel quero as pitangas
de água e ouro as miçangas
solenes as pieguices
novidades as mesmices
a dúvida e a delicadeza
habitando toda certeza
o banal desfeito em arte
auroras por toda parte
Debussy e Pixinguinha
dissolvendo toda rinha
o pôr-do-sol feito festa
anunciando a seresta
quero a constante amizade
entre Spinoza e Sherazade
a sombra da mangueira
sobre a luz de Nise da Silveira
de Guimarães e Noel as rosas
tecidas como um tapete
de idéias saborosas
voando como o ginete
montado por D. Quixote
de Clarice o mistério
de Drummond todo o minério

de Assis quero Francisco
e também quero Machado
ambos em belo achado
retiram dos olhares o cisco
de nossas comuns vaidades
de mim mesma quero o lume
que dissolve o ciúme
e achar sempre sentido
no que tenho sido e vivido
quero acima de tudo
ver florindo os amigos
sendo novos são antigos
e velhos são descoberta
fusão de forma e conteúdo
deixando a alma desperta
enfim quero isto e aquilo
o lirismo e o esquilo
o meu amor em meu colo
compondo comigo um solo
reinventando a memória
daquela mais bela história

Doris Accioly e Silva
10/VI/2000

INTRODUÇÃO

Pensar é uma atividade humana por excelência. Acreditamos que cabe à escola proporcionar uma educação que promova um pensar de qualidade. A partir daí vários fatores nos levaram a elaborar as reflexões aqui propostas. Assim, nos empenhamos em apontar elementos que possam contribuir na melhoria da qualidade educacional em nosso país, uma vez que esta obra se pauta numa educação que promova o pensar, que capacite os alunos a dizer não aos preconceitos do senso comum e encoraje-os na busca de respostas críticas para as questões que lhes são postas.

Vários teóricos, na história da humanidade, debruçaram-se sobre questões desse gênero. Aqui nos esforçamos em selecionar textos de autores de nossa região que pudessem apresentar contribuições concretas para esta realidade.

O livro apresenta-se dividido em três partes e se propõe a atender os seguintes critérios: na primeira parte, serão apresentados textos de Maria Lúcia Arruda Aranha e Marcos Antônio Lorieri, que apontam para as possíveis respostas do que seja uma Educação para o Pensar; na segunda, Marilda da Silva e Maristela Angotti, pensando a Educação Infantil, colocam-nos elementos práticos na instrumentalização dos professores, dessa faixa etária, que promovam o pensar de qualidade; na terceira, apresentamos textos com temáticas mais diversificadas, em que os autores Eder Alonso Castro, Paula Ramos-de-Oliveira, Marlene Fagundes Carvalho Gonçalves e Cláudio Romualdo mostram elementos que ampliam as reflexões sobre as funções da escola nas relações da educação com o pensar.

O artigo *O que é uma educação para o pensar*, de Maria Lúcia de Arruda Aranha, que abre esta coletânea de textos originados do Seminário "O Pensar na Educação/2000", aponta para as linhas fortes que, a seguir, serão traço de união entre os vários estudos. Tratando-se de reflexão sobre o pensar, o artigo inicia-se justamente com um conjunto de interrogações decisivas sobre o homem imerso no atual contexto histórico. Essas interrogações apóiam-se solidamente nos autores frankfurtianos, não para reproduzi-los, mas para aplicá-los e aprofundá-los em nossa realidade. A autora lança um olhar sobre a sociedade, obriga-nos a repensar sobre os objetivos humanos e o conceito intersubjetivo do pensar autônomo e culmina com a interrogação-chave: "quem educa o educador"? Como se vê, estão lançadas as plataformas para a variedade e riqueza dos textos seguintes.

Educação para o Pensar, de autoria de Marcos Antônio Lorieri, apresenta os fundamentos do Programa de Filosofia para Crianças — Educação para o Pensar, criado pelo filósofo e educador americano Matthew Lipman. Aponta as intenções de Lipman ao buscar uma metodologia que supere as deficiências de pensamentos dos alunos e promova um pensar crítico, criativo e cuidadoso. Descreve-a como sendo uma proposta que tem como fio condutor o trabalho investigativo, utilizando-se das temáticas filosóficas que são apresentadas aos alunos através de uma metodologia reflexiva na qual o professor assume o papel de coordenador da Comunidade de Investigação na busca de um pensar de ordem superior.

Para se alcançar este *status* do pensar se faz necessário um minucioso trabalho com as habilidades cognitivas que são apresentadas aqui em quatro grandes grupos: Habilidades de Investigação, Habilidades de Raciocínio, Habilidades de Formação de Conceitos e Habilidades de Tradução. Lorieri fornece explicações detalhadas de cada um dos grupos das mega-habilidades, apontando quais são as básicas que devem ser exercitadas com os alunos para que eles possam alcançar a excelência no pensar. Atribui, ainda, uma especial atenção à formação dos professores para que o sucesso do trabalho de filosofia com crianças possa ser alcançado.

INTRODUÇÃO

O Programa de Filosofia para Crianças e a Educação para a Cidadania, também de autoria de Marcos Antônio Lorieri, é o terceiro texto apresentado na primeira parte deste livro. Lorieri, sendo grande admirador das tendências que privilegiam o diálogo, traz aqui uma reflexão sobre a prática da metodologia do programa de Filosofia para Crianças, direcionando seus argumentos para questões ligadas à formação da cidadania. Ao definir cidadania, apresenta um modelo de sociedade onde todos participam igualmente das decisões. Defende que as pessoas necessitam dispor de certas competências para poderem participar das discussões e decisões que devem ser tomadas na sociedade à qual pertencem. Aponta o Programa de Filosofia para Crianças, idealizado por Matthew Lipman, como uma metodologia eficaz no desenvolvimento de tais habilidades, pois facilita as competências filosóficas, cognitivas e dialógicas. Estas são, segundo Lorieri, as competências mínimas para que os indivíduos possam se tornar cidadãos, estando aptos a empregá-las nas relações com as pessoas. Essas competências transformam os indivíduos em sujeitos co-participativos, que através do trabalho comunitário se constroem como cidadãos, somando esforços e partilhando ações na busca de uma sociedade mais justa.

Na Parte II do livro, *O Pensar na Educação Infantil* é retratado pelo texto de Marilda da Silva, que assume a palavra e mostra alternativas para o pensar sobre o pensar na educação infantil e enfatiza que esse exercício exige voltar também à literatura oral e avançar aos adultos. A reflexão vai construindo uma demonstração enraizada em nossas origens históricas, nas quais se manifestam tensões violentas entre crianças e adultos. O artigo termina com a abertura ao conceito de literatura como "uso estético da linguagem". Esta literatura firma-se, então, não só como desenraizada e descontextualizada, mas plena de tensão, ou seja, de vida. Nessa visão ampla, estende-se o trabalho que a escola deve percorrer.

Temos condições, após tais fundamentos, de acompanhar as reflexões de Maristela Angotti a partir do dilema que a autora coloca: *intenção ou ficção?* Inserida com firmeza nos quadros da atual legislação da política educacional, a autora entra no ambiente escolar, com toda a carga pesada, mas estimulante, que esta apresenta e vai abrindo diários docentes, desdobrando anotações, tecendo comentários, refletindo sobre experiências do cotidiano escolar, com o objetivo de substituir a ficção pela realidade, uma realidade em que o conhecimento e o pensar sobre ele sejam eixo do processo formativo.

Na Parte III, *Pensando o Pensar*, temos o texto de Eder Alonso Castro, *Pensando sobre Educação, Ética e Transversalidade*, em que o autor, inspirado no documento Parâmetros Curriculares Nacionais, elaborado pelo MEC, discute o conceito de ética nas diretrizes apontadas como conteúdos mínimos da Educação Básica. Inicia o texto definindo filosofia para entendê-la como metodologia de análise crítica da realidade, referendando a proposta educacional de Matthew Lipman como uma metodologia possível de ser utilizada nas escolas, a fim de construir uma consciência ética a partir da racionalidade. Analisa os ideais apontados pela Transversalidade proposta nos PCNs, relacionando-as com a metodologia do programa de Filosofia para Crianças — Educação para o Pensar, percebendo aí um casamento perfeito entre a elaboração teórica dos PCNs e a possibilidade de prática proposta por Lipman. Ressalta, ainda, as dificuldades na preparação de professores competentes para efetivação do trabalho, deixando várias questões em aberto para que possamos refletir e buscar caminhos de realização.

O texto de Paula Ramos-de-Oliveira faz a análise de cenas corriqueiras do cotidiano escolar, fatos aparentemente pequenos, mas que, justamente por sua capacidade de revelar o macro pelo micro, permitem abrir brechas amplas nos usos e costumes escolares. Considerados como "inocentes", podem ser fundamentais na formação de estigmas. Essa denúncia da escola como "deseducadora" permite, alerta e obriga a repensar a necessidade de resgatar a criança como pessoa-sujeito.

A professora Marlene Fagundes Carvalho Gonçalves, em seu texto *A Construção do Pensamento: Uma Contribuição da Psicologia,* faz uma reflexão a partir de fundamentos psicológicos, ressaltando as relações existentes entre pensamento, linguagem e a função do educador nessa implicação. Aponta Piaget e Vigotsky como teóricos interacionistas, analisando a necessidade de comunicação, por parte das crianças, com a formação do pensamento reflexivo. Defende a necessidade de que os professores compreendam como funciona o pensamento infantil, para que possam proporcionar situações de aprendizagem que favoreçam a internalização dos conhecimentos, que nada mais são do que reconstrução interna, representação, da realidade. Esta internalização se dá no que Vigotsky denominou como *zona de desenvolvimento proximal,* que se estabelece nas interações sociais. É aqui que a escola assume um importante papel na construção do pensamento, garantindo a igualdade de oportunidades no que se refere à ocupação de tempo e espaço interativo para que as expressões individuais aconteçam no ato de escolher. Portanto, a sala de aula como espaço onde o conhecimento é socializado deve apresentar condições para que o diálogo, através de discussões construtivas, ocorra, contribuindo, assim, na aprendizagem através da formação do pensamento reflexivo.

O Pensar no Ensino Superior é o último texto apresentado aqui, tendo como autor Cláudio Romualdo, estudioso da Andragogia, ciência que se preocupa com a educação de adultos. Contrapondo-se à pedagogia diretiva ou educação bancária, a andragogia, estuda as formas com que os adultos aprendem, prioriza as experiências de vida, respeita as individualidades, utilizando como método as interações sociais. Propõe uma aprendizagem através de situações e não de disciplinas compartimentadas, levando em consideração a versatilidade intelectual do sujeito. Valoriza o ensino nas instituições de Ensino Superior através da preparação dos professores para essa prática que requer conhecimentos dos princípios andragógicos, senso crítico e capacidade de pesquisa. Seja um profissional de formação generalizada disposto a aprender com sua prática educativa. Esse compromisso com a aprendizagem é o centro da atuação andragógica, e nela o aluno deve ser respeitado como sujeito de sua formação.

Este livro, como podemos constatar, reúne educadores preocupados com a melhoria da qualidade de ensino nas escolas, independente do estágio em que o aluno se encontre. Temos a certeza de que não encerramos aqui uma discussão que é tão ampla e imprescindível, mas acreditamos colaborar com esses textos para uma reflexão, por parte dos educadores, que transforme a escola num ambiente promotor do pensar de qualidade, do pensar bem. Esperamos que o leitor encontre nesta literatura elementos que nutram a sua prática educativa e que possam desencadear uma atuação consciente e transformadora da educação.

Paula e *Eder*

PARTE I

O PENSAR NA EDUCAÇÃO

●

I.1 O QUE É UMA EDUCAÇÃO PARA O PENSAR?

Maria Lúcia de Arruda Aranha

"Se por evolução científica e progresso intelectual queremos significar a libertação do homem da crença supersticiosa em forças do mal, demônios e fadas, e no destino cego — em suma, a emancipação do medo — então a denúncia daquilo que atualmente se chama de razão é o maior serviço que a razão pode nos prestar." (Horkheimer, 1976, p. 198)

O tema que nos foi proposto — *O que é uma educação para o pensar* — à primeira vista parece um truísmo porque poderíamos achar óbvio que um educador — e não um mero instrutor ou transmissor de conhecimentos — devesse se propor, desde o início, à tarefa de ensinar a pensar. No entanto, logo esbarramos com dificuldades, precisamente aquelas que justificam esse tipo de discussão. A primeira pergunta a fazer — e aí já estaríamos sendo um tanto maldosos — baseia-se em uma dúvida: os mestres que se propõem a ensinar a pensar saberiam eles próprios bem pensar?

Caso levemos em conta as propagandas de algumas escolas, ao tentarem atrair alunos para seus cursos, teremos de responder pela negativa. Uma delas, em *outdoors* espalhados pela cidade de São Paulo, garante que "o raciocínio aumenta com o uso". Mas o raciocínio é algo que aumenta ou diminui? Com certa boa vontade, poderíamos concordar que o publicitário não foi feliz na escolha do verbo e que ele estaria querendo se referir à disponibilidade da escola em exercitar o pensamento, em apurar a razão por meio da argumentação. Mesmo assim, ficamos sem saber o que de fato essa escola oferece ou, pelo menos, desconfiamos que seja pouco. Parece que basta a prática, aqui entendida como repetição, para nossos filhos se tornarem seres pensantes.

E o xadrez não ajudaria a aprender a pensar? Certa vez, com a sugestão de alguns educadores para a sua inclusão no currículo escolar, o humorista Millôr Fernandes disse que, certamente, os alunos haveriam de aprender a... jogar xadrez! Nada contra o xadrez nas escolas, como um jogo entre outros, útil para que os alunos desenvolvam habilidades e desfrutem momentos de disputa e lazer, mas aprender a jogar xadrez não é ainda o melhor caminho para se chegar ao que entendemos realmente por "educar para o pensar".

Com um pouco mais de exigência, poderíamos concluir que um bom curso de lógica resolveria o problema, mas estaríamos de novo enganados. Basta lembrar a frase satírica do escritor inglês Chesterton: "O louco é aquele que tudo perdeu, menos a razão". Um louco pode raciocinar lógica e coerentemente e chegar a conclusões rigorosas, só que baseado em falsas premissas. Nesse caso, ele perdeu contato com a realidade e seu pensar encontra-se comprometido com as bases falsas sobre as quais é construído.

Ora, Chesterton foi um crítico severo da sociedade contemporânea, do seu cientificismo e racionalismo. Será, portanto, por esse viés que retomamos a consideração maldosa do início da nossa fala, quando nos perguntávamos se nós professores já teríamos aprendido a pensar de fato. Caso contrário, será inútil — ou uma impostura — nos propormos à tarefa de ensinar os alunos a pensar.

I.1.1 Um olhar sobre a sociedade contemporânea

A possível incapacidade do mestre de saber pensar não resulta, porém, de uma deficiência subjetiva, decorrente do não-aproveitamento pessoal das atividades escolares. Mais do que isso, identificamos na constituição das linhas mestras da sociedade contemporânea os desvios que nos desencaminham.

Comecemos pelos ideais da modernidade — e aqui entendemos o período que se iniciou no século XVII —, pelos quais a razão foi sobremaneira valorizada. Naqueles tempos novos, o ser humano era instado a pensar por si próprio, a superar superstições e crendices, a negar poderes incondicionais, fossem eles terrenos ou celestiais, tornando-se, assim, "mestre e senhor da natureza". O lento alvorecer desse propósito de emancipação expressou-se nas mais profundas esperanças do Iluminismo (século XVIII), que depositava na razão a incumbência de gerar melhores condições de vida para a humanidade, do ponto de vista da autonomia do pensar e do agir. De fato, as luzes da razão produziram seus frutos na ciência e tecnologia, provocando a euforia do progresso e o orgulho de uma civilização cada vez mais avançada nas realizações e domínio da natureza.

Se formos bons leitores dos filósofos frankfurtianos, entretanto, poderemos descobrir, sob as luzes, as zonas de sombra, o que Horkheimer chamou "eclipse da razão". Os filósofos da Escola de Frankfurt nos demonstram não existir uma linha reta que, pelo desenvolvimento da razão, nos levaria da barbárie à civilização. Isso porque a razão aprimorada nesse processo é a *razão instrumental*, que privilegia os meios pelos quais alcançamos resultados úteis e imediatos. Não se trata, portanto, de uma *razão emancipatória* e, nesse sentido *vital*, a única capaz de nos dar a compreensão crítica da situação vivida, por estar comprometida com os fins últimos da existência humana.

A razão instrumental é produtivista e, em decorrência do sucesso alcançado, acaba por fetichizar os meios. Estes, que deveriam ser caminhos para o fim propriamente humano a que se destinam, passam a ser o alvo principal de uma sociedade em que coisas e máquinas se tornam mais amadas do que pessoas e em que as escolhas sentimentais e afetivas submetem-se ao crivo dos valores econômicos e do poder. Em outras palavras, precisamos recuperar a razão emancipatória, voltada para os objetivos propriamente humanos, para a busca do "bem viver", da felicidade e não da eficácia, da dominação e da posse.

Nesse sentido, ao privilegiar o amor pelas coisas e não por pessoas, a razão instrumental tem sido responsável pela produção do irracional. É irracional uma sociedade que se diz civilizada e que, apesar das conquistas científicas e do progresso tecnológico, não consegue debelar a miséria, evitar a injustiça e as guerras, a discriminação, o preconceito, bem como as formas do totalitarismo (fascismos e nazismos) e o horror do genocídio. Essas são formas de regressão, diante das quais Adorno afirmou que *civilização* e *barbárie* não se excluem, mas são intercomplementares. Em um texto clássico, "Educação após Auschwitz", ele disse: "A exigência que Auschwitz não se repita é a primeira de todas para a educação" (1995, p. 119). Adorno escreveu essa conferência na década de 60, advertindo sobre o risco do retorno do horror do holocausto. De lá para cá, sabemos que a má distribuição de renda no mundo tem feito recrudescer os movimentos de migração e, de forma cada vez mais intensa, presenciamos a reação xenófoba dos habitantes dos países ricos que se consideram "invadidos".

I.1.2 Pensar a partir de objetivos humanos

Chegamos aqui ao ponto principal. Não estaremos ensinando crianças e jovens a pensar, se entendermos por esse procedimento um exercício a partir de reflexões abstratas, já que a reflexão pode estar a serviço da dominação, da exploração, da alienação, do preconceito, da exclusão e da barbárie. "As reflexões precisam ser transparentes em sua finalidade humana", diz Adorno.

Não é possível esquecer o caráter existencial do pensar que se funda em uma exigência ética e política, sem a qual nos perdemos como pessoas no meio do caminho. Para pensar bem, precisamos examinar sobre quais valores se fundam nossas relações amorosas, familiares, de trabalho ou lazer, como está sendo realizada, em cada tempo e lugar, a distribuição dos poderes e das competências, e se tudo isso é feito a serviço de uma sociedade justa e igualitária ou não.

Ensinar a pensar é dar condições para a *autonomia* e a *emancipação* do educando porque a sociedade propriamente moral e democrática necessita de pessoas capazes de autocrítica constante. O processo de ensinar a pensar começa, então, pela negação do que é percebido na superfície das coisas, pela recusa do império dos clichês, da prevalência dos meios sobre os fins, por tudo que reifica nossa consciência e que a torna passiva, manipulável, conformista e resignada com o intolerável.

Como realizar esse projeto?

Em primeiro lugar, convém começar bem cedo, na primeira infância. Se a educação não prescinde da transmissão da cultura acumulada e deve reconhecer que a autoridade é necessária na fase da heteronomia infantil, cabe ao educador o delicado trabalho de, ao mesmo tempo, ir abrindo os caminhos para o exercício da crítica cultural. Dizendo de outro modo, educar é manter viva a tensão entre a *adaptação* à vida real e a *invenção* que se faz pela negação do que foi recebido como herança, ainda que a partir dela.

Exemplificando: a criança nasce sem regras, centrada em si mesma, e seu processo de socialização supõe a introjeção das normas e o reconhecimento do outro como um outro-eu, mas a integração no grupo não transcorre de forma serena nem é isenta de riscos. A necessidade de nos sentirmos aprovados e aceitos pelos outros reveste-se, muitas vezes, das formas perversas do coletivismo que se manifestam nas atitudes corporativistas, nas "tribos" urbanas, nas torcidas uniformizadas, nos trotes (transformados em violentos ritos de iniciação), nos movimentos xenófobos de segregação, decorrentes da exacerbação dos nacionalismos.

A grande questão é, portanto, como ensinar crianças e jovens a pensar de modo que aprendam a viver em comunidade, sem se dissolverem no todo, mas mantendo a própria *identidade* e *autonomia*. A questão é como ensiná-los a receber a herança cultural e, ao mesmo tempo, reconhecê-la não como dado natural e imutável, e sim como resultado da ação humana em constante vir-a-ser e que poderá ser por eles também modificada.

I.1.3 O conceito intersubjetivo da autonomia do pensar

Talvez ainda não tenha ficado claro o que entendemos por autonomia do pensar porque o termo *autonomia*, numa análise apressada, poderia ser confundido com uma forma individualista de pensar e agir ou, pelo menos, com algum procedimento solitário de busca de valores e tomada de decisões. O mesmo acontece com o conceito de *reflexão*, ao ser identificado a um ensimesmamento. Ainda que esses procedimentos sejam, em última análise, pessoais — e devem sê-lo —, eles se processam por meio da *interação entre as pessoas*.

Lembremos aqui a *ética discursiva* de Jürgen Habermas, também significativamente chamada *teoria da ação comunicativa*. Herdeiro do pensamento kantiano, Habermas reconhece o valor da consciência autônoma, mas, à diferença de Kant que fundamenta a moral na razão reflexiva, que é *monológica*, ele descentra o sujeito porque a razão comunicativa supõe o *diálogo*, a interação entre os indivíduos do grupo, mediada pela linguagem, pelo discurso.

Podemos aproveitar essa idéia para aplicá-la na questão sobre a educação para o pensar, pois se dissemos que o pensar não se faz à margem dos juízos de valor, temos de reconhecer as dificuldades para compreender o mundo obscurecido pela ideologia e pela alienação. Daí a importância do encontro dialógico entre pessoas que querem se precaver contra o prevalecimento da razão instrumental. Esse expediente valeria para qualquer nível de educação e para qualquer disciplina, quando não se ensina conteúdos como se fossem verdades caídas do céu e estimulando, sempre que possível, o diálogo entre os elementos do grupo.

Nesse sentido, é importante a proposta dos Parâmetros Curriculares Nacionais do Ministério da Educação sobre os *temas transversais* que têm como objetivo a educação para o convívio social, ética e cidadania. Bem sabemos, é preciso reconhecer que a educação do caráter é assunto bastante complexo e sujeito a discordâncias as mais diversas, sobretudo por causa dos riscos — aliás, fundados — de se descambar para o moralismo e a imposição de valores. Embora reconhecendo as dificuldades de sua implantação na escola, esse tipo de aprendizagem se faz cada vez mais necessário sobretudo porque, devido às mudanças na estrutura familiar, tem faltado às nossas crianças um espaço de recepção e discussão dos valores.

Se buscarmos auxílio na obra clássica de Jean Piaget e de seu continuador norte-americano Lawrence Kohlberg, além dos espanhóis, que recentemente têm se envolvido com essas questões, encontramos valiosas contribuições de teorias e práticas para a implantação de atividades nas escolas. A propósito, alguns daqueles educadores catalães assessoraram a preparação dos Parâmetros Curriculares Nacionais aqui no Brasil.

Segundo esses autores, a reflexão desenvolve-se pelo diálogo, não só entre professores e alunos, mas também — e principalmente — dos alunos entre si. O objetivo dessas propostas de trabalho em sala de aula é *identificar valores, distinguir alternativas dadas de comportamento, imaginar outras possíveis, elucidar dilemas, argumentar para defender uma ou outra decisão possível e avaliar causas e conseqüências das ações.* Convém lembrar que os exercícios têm sempre como pano de fundo a realidade, inserida no contexto social em que vivem os alunos, com a exigência de que, mesmo quando se trata de exemplos hipotéticos, não permaneçam propriamente abstratos, mas factíveis de serem vivenciados por qualquer um.

Resta lembrar que a discussão sobre valores é tarefa para todo professor, qualquer que seja sua disciplina, daí o caráter de *transversalidade* da proposta. Em outras palavras, se, queiramos ou não, incutimos valores por meio do "currículo oculto", é mister que passemos a fazer com que os alunos os discutam de maneira consciente e crítica.

I.1.4 Quem educa o educador?

Para finalizar, voltemos à dúvida inicial, aquela pela qual nos perguntávamos se os professores sabem pensar, caso contrário, não poderíamos esperar que eles possam ensinar a pensar. Aqui destacamos a importância da formação do educador que não se completa apenas nos termos da apropriação do conteúdo da disciplina que se propôs a ensinar. Esta competência é, sem dúvida, indispensável por significar a *qualificação* do professor, mas persiste uma outra exigência, a de sua *formação pedagógica*, de modo que a atividade de ensinar supere os níveis do senso comum, tornando-se uma atividade sistematizada. Mais ainda, o professor deve ter uma *formação ética* e *política*, já que ele vai educar a partir de valores e tendo em vista um mundo melhor.

São esses três aspectos interligados que caracterizam o professor não apenas como simples transmissor de conhecimento, mas como intelectual transformador. Só assim ele poderá ser o facilitador que ajudará o aluno a desenvolver por si mesmo a capacidade de questionamento e a assumir como tarefa constante a desmistificação da cultura.

REFERÊNCIAS BIBLIOGRÁFICAS

ADORNO, Theodor W. *Educação e emancipação*. Rio de Janeiro: Paz e Terra, 1995.

ARANHA, M. Lúcia de Arruda e MARTINS, M. Helena Pires. *Filosofando*, introdução à filosofia. 2.ª ed. São Paulo: Moderna, 1993.

———. *Temas de filosofia*. 2.ª ed. rev., São Paulo: Moderna, 1998.

———. *Filosofia da educação*. 2.ª ed., São Paulo: Moderna, 1996.

———. "Filosofia no ensino médio: relato de uma experiência". *In*: Sílvio Gallo e Walter Omar Kohan (orgs.). *Filosofia no ensino médio*. Petrópolis: Vozes, 2000, p. 112 a 128.

HORKHEIMER, Max. *Eclipse da razão*. Rio de Janeiro: Editorial Labor do Brasil, 1976.

MATOS, Olgária C. F. *A Escola de Frankfurt*, luzes e sombras do Iluminismo. São Paulo: Moderna, 1993.

PUCCI, Bruno; RAMOS-DE-OLIVEIRA, Newton e ZUIN, Antônio Álvaro Soares. *Adorno*, o poder educativo do pensamento crítico. Petrópolis: Vozes, 1999.

SEVERINO, Antônio Joaquim. *Educação, ideologia e contra-ideologia*. São Paulo: EPU, 1986.

I.2 EDUCAÇÃO PARA O PENSAR

Marcos Antônio Lorieri

I.2.1 Introdução

Educação para o Pensar é uma expressão muito utilizada atualmente. Basta ler com atenção o primeiro volume dos Parâmetros Curriculares para o Ensino Fundamental e verificar nos objetivos o quanto se pede que a escola cuide do Pensar. O mesmo ocorre nas Diretrizes Curriculares para o Ensino Médio e no Referencial Curricular para a Educação Infantil. Neste último encontramos a seguinte afirmação, que vale para todas as faixas etárias: "Uma criança saudável não é apenas aquela que tem o corpo nutrido e limpo, mas aquela que pode utilizar e desenvolver o seu potencial biológico, emocional e cognitivo". (vol. 2, p. 50)

A expressão "Educação para o Pensar" é utilizada, por exemplo, pelo professor Matthew Lipman para indicar uma proposta educacional que se volte intencionalmente para o desenvolvimento de uma forma de pensar nas crianças, jovens e adultos que não seja uma forma de pensar descuidada, superficial, sem bons argumentos, etc.

Suas idéias sobre este assunto fazem parte do Programa Filosofia para Crianças que pode também ser chamado de Programa Filosofia para Crianças — Educação para o Pensar.

Como Lipman juntou as idéias Filosofia e Educação para o Pensar? Na verdade, não foi ele que as juntou, ambas sempre estiveram juntas. A Filosofia — que é uma das maneiras de os seres humanos tentarem explicar para si mesmos o que é a realidade, o que é ser gente, o que são os valores e qual a importância de se refletir sobre os princípios que devem orientar nossas condutas, etc. — procura entender também como os seres humanos pensam. O ser humano é ser pensante e sabe que, quanto melhor puder pensar, melhor poderá orientar sua vida, além de produzir melhores explicações sobre a realidade e sobre si mesmo.

Procurando saber sobre este fato do pensamento, a investigação filosófica acabou por oferecer subsídios importantes sobre "cuidados" necessários com o pensar.

A constatação de que a Filosofia faz investigações sobre como pensamos e se há formas melhores de pensar fez com que Lipman desenvolvesse uma proposta educacional que incluísse esforços das crianças e jovens para refletirem sobre como eles pensam, o que é o pensar e a importância de cada um "saber cuidar" do seu pensar.

Quando pensamos sobre o pensar e investigamos como pensamos e as possíveis maneiras de pensar melhor, estamos realizando investigação sobre um tema que é próprio da Filosofia. Quando fazemos tal investigação de forma organizada, sistemática, atenta, profunda, buscando entender o nosso pensar no conjunto do pensar de todas as pessoas e de todas as demais atividades humanas e o pensar nas suas relações com tudo o que acontece e com tudo o que os seres humanos fazem, podemos dizer que estamos, de alguma forma, "filosofando" sobre o pensar.

A difícil e complexa tarefa de filosofar torna-se mais ampla se fizermos essa investigação não só sobre o pensar, mas também sobre os demais temas que são próprios da investigação filosófica, como a realidade em geral, a existência humana, os valores, especialmente os valores morais, o que é viver em sociedade, o fato de existirem relações de poder, a liberdade, a justiça, etc.

Esses temas, diz Lipman, são muito complexos, já que a posição das pessoas, das sociedades e das épocas históricas a respeito deles é bastante controversa. São temas desafiadores do pensamento, pois exigem um grande esforço intelectual, ou seja, grande exercício da capacidade de pensar.

A Filosofia é educadora do nosso pensar, da nossa razão, principalmente se nos pusermos a filosofar junto com os outros, realizando aquilo que se chama o diálogo filosófico numa comunidade de investigação filosófica.

A Filosofia, ou melhor, o filosofar pode ser um bom meio de nos ajudar a desenvolver a capacidade de pensar melhor por três razões, segundo Lipman:

- nos desafia a pensar sobre temas complexos e controversos;
- nos faz pensar sobre o pensar de maneira rigorosa, profunda e abrangente e nos permite descobrir várias informações já produzidas pelos filósofos sobre o que é o pensar, as características do pensar melhor, os critérios para avaliar nossos pensamentos, sobre como raciocinamos, os possíveis "enganos" (falácias) de nossos raciocínios, etc.;
- nos indica uma maneira excelente de aprimorar nossos pensamentos e a maneira de pensar que é o "pensar dialógico", isto é, o pensar que realizamos quando trocamos nossas idéias com os outros com a intenção e a disposição de nos esclarecermos mutuamente e de irmos aprendendo, uns com os outros, melhores maneiras de investigar, de produzir (construir) nossos pensamentos a respeito do que quer que seja.

Queremos ressaltar, aqui, a importância que é dada ao "pensar sobre o pensar" e à necessidade de tomarmos consciência da forma como pensamos e de nos dispormos a modificá-la, para melhor, caso ela se mostre imprecisa, insuficiente, insegura e sem bons fundamentos ou argumentos. É o que hoje muitos autores na área da Psicologia Educacional estão chamando de "metacognição" que significa ter um conhecimento de como estamos produzindo nossos conhecimentos. Isso só não basta, nos diz Lipman. É preciso ter um conhecimento crítico de como nos conhecemos, a fim de perceber possíveis falhas da nossa maneira de conhecer ou pensar e que nos disponhamos a corrigir tais erros. E isso é extremamente facilitado na comunidade de investigação.

> "Grande parte de nossos pensamentos movimentam-se de maneira acrítica. (...) Dentre as várias coisas sobre as quais podemos refletir encontram-se nossos próprios pensamentos. Podemos pensar sobre nossos pensamentos, mas podemos fazê-lo de maneira ainda bastante acrítica. Então, considerando que a "metacognição" é pensar sobre o pensar, isto não é equivalente ao pensar crítico necessariamente. O aspecto mais característico da investigação, de acordo com C. S. Peirce, é que ela almeja descobrir suas próprias fraquezas e corrigir o que é falho em seus próprios pro-

cedimentos. A investigação é, portanto, autocorretiva. Uma das vantagens mais importantes em converter a sala de aula em uma comunidade de investigação (além da inquestionável melhoria do clima moral que isto produz) é que os membros da comunidade começam a buscar e a corrigir os métodos e procedimentos uns dos outros. Conseqüentemente, desde que cada participante seja capaz de internalizar a metodologia da comunidade como um todo, cada um passa a ser capaz de autocorrigir o seu próprio pensamento." (Lipman, 1995, p. 179).

A proposta filosófico-educacional, criada por Lipman e seus colaboradores, prevê que crianças e jovens possam investigar de maneira dialógica a respeito de temas filosóficos, tendo em vista seu valor profundamente educativo e seus temas desafiadores do "bem pensar", quer pela sua complexidade quer pela promoção da possibilidade do pensamento reflexivo e crítico sobre o próprio pensar.

O Programa Filosofia para Crianças — Educação para o Pensar é uma proposta que tem como fio condutor o trabalho investigativo com temáticas próprias da Filosofia, algumas das quais já assinaladas acima e também uma maneira própria de trabalhar essas temáticas, que é o método reflexivo, crítico, criativo e cuidadoso de pensar.

I.2.2 Um pouco da história e do conteúdo do programa Filosofia para Crianças

Quem o criou e o desenvolveu inicialmente foi Matthew Lipman, professor de Filosofia e educador que, talvez, possa ser chamado de filósofo.

No ano de 1960, ele se preocupava em discutir com seus alunos temas importantes da Filosofia (pelo seu valor formativo) e em promover, em seus alunos, o desenvolvimento de um "pensar melhor". Os resultados foram tão bons que ele resolveu ampliar esse trabalho para todas as crianças e jovens.

Ele começou a pensar num programa educativo que proporcionasse às crianças e aos jovens a investigação sobre questões relativas às temáticas filosóficas e que lhes proporcionasse um processo de investigação que desenvolvesse sua maneira de pensar.

Ele tinha dois problemas: como trazer crianças e jovens muito novos às temáticas filosóficas que estavam contidas em textos acadêmicos numa linguagem ainda difícil de ser dominada por eles e como trabalhar essas temáticas com uma metodologia (um modo de fazer) que levasse ao desenvolvimento de um "pensar melhor".

Quanto ao primeiro problema, ele o resolveu escrevendo "novelas filosóficas" para crianças e jovens. Histórias numa linguagem acessível, nas quais os personagens, envolvidos nas experiências mais comuns da vida, colocavam temas filosóficos na forma de perguntas e tentavam, através dos seus diálogos, algumas primeiras respostas.

As "novelas filosóficas" de Lipman oferecem às crianças e jovens a possibilidade de terem "fios da meada" significativos para suas vidas, ou seja, os temas filosóficos.

Boa parte das histórias da Literatura Infanto-Juvenil traz esses temas e pode ser aproveitada para as mesmas finalidades que as histórias de Lipman, mas elas não foram escritas com esse propósito e nem têm, nos seus personagens, um grupo que se envolve numa comunidade de investigação a respeito de tais temas, servindo como um primeiro "modelo" de comunidade de investigação filosófica aos leitores.

O mesmo pode ser dito dos textos, "para leitura", dos livros didáticos e de certos textos das várias disciplinas. Portanto, trata-se, nos dois casos, de um aproveitamento além ou a par das finalidades primeiras para as quais foram produzidos.

Quanto ao segundo problema, ele propôs um método que chamou de comunidade de investigação filosófica, na qual é possível que sejam desenvolvidas integradamente as habilidades cognitivas, aquelas que nos permitem pensar bem, se bem desenvolvidas.

Esse "jeito de fazer" é trabalhoso, mas divertido e, principalmente, produtivo. Ele é tanto mais produtivo quanto for mais bem realizado pelos alunos, uns junto com os outros, e tendo como grande auxiliar um educador experiente que saiba *co-ordenar* adequadamente os esforços de todos os membros da comunidade de investigação.

Esse educador experiente (*o professor*) precisa:

- conhecer bem quais são as habilidades cognitivas e a importância de cada uma delas no processo do pensar;
- saber como estimular o seu uso integrado nos esforços pensantes (intelectuais) envolvidos na investigação a respeito dos temas que o grupo escolheu porque sente a necessidade de esclarecê-los e compreendê-los;

- sentir-se envolvido indagativamente com esses temas (especialmente os filosóficos) para que haja envolvimento dos seus alunos com eles;
- não ser doutrinador, ou seja, impositivo dos seus pontos de vista a respeito desses temas;
- ser interessado ética, afetiva e pedagogicamente no desenvolvimento formativo e, dentro deste, nos desenvolvimentos intelectual e emocional dos seus alunos;

Com essas e outras características, o professor torna-se um bom mediador educacional no contexto da sala de aula.

Os aspectos acima apontados são explicitados na literatura que fundamenta o Programa de Filosofia para Crianças — Educação para o Pensar. São objeto de cuidados especiais nos cursos de formação de professores que desejam trabalhar com o mesmo nas salas de aula ou com sua metodologia nas várias disciplinas do currículo escolar.

I.2.3 As habilidades cognitivas e seu papel no "pensar bem", segundo Lipman

"O fortalecimento do pensar na criança deveria ser a principal atividade das escolas e não somente uma conseqüência casual (...)" (Lipman, 1995, p. 11).

Isso significa afirmar que não se deve supor que, apenas trabalhando os conteúdos das várias disciplinas, automaticamente o pensar dos alunos vai sendo desenvolvido e fortalecido. Significa afirmar que é preciso oferecer atividades voltadas intencionalmente ao cultivo do "pensar bem".

Para ele, pensar é o processo de descobrir relações (tudo é resultado de múltiplas relações) e de criar ou imaginar novas relações, caso se deseje algo diferente.

"(...) pensar é fazer associações e pensar criativamente é fazer associações novas e diferentes" (idem, p. 140).

Afirmar isso é afirmar, primeiro, que pensar é o processo de descobrir relações existentes na realidade e de representá-las em nossa consciência, permitindo atinar com os significados ou os sentidos que, de alguma forma, estão dados na realidade.

Essa não é tarefa fácil, mas necessária, visto que a realidade é complexa nas suas relações e inter-relações, e que a única forma de apreender o seu sentido é estar apreendendo as relações que a constituem. Se essas relações são dinâmicas — estão sempre se refazendo e se modificando —, o nosso pensamento precisa saber estar atento e ser competente para apreendê-las nesse seu dinamismo.

Afirmar isso, em segundo lugar, é afirmar uma possibilidade especial do pensar, de produzir ou criar novas relações e, portanto, a de os seres humanos poderem produzir novas significações ou sentidos para a realidade, para suas vidas, já que fazem parte do processar-se da realidade e nela podem ser agentes transformadores.

A forma através da qual os seres humanos concretizam sentidos ou direções na realidade é sempre a sua prática, ação. Ao mesmo tempo em que vão agindo e pensando reflexivamente o seu agir, os seres humanos representam as relações aí implicadas e podem estar representando, intelectualmente, novas relações. Tanto as relações percebidas, quanto as criadas ou construídas são trabalhadas na consciência como indicadoras das direções (sentidos) da prática humana. Dewey diria: "reconstruídas porque rearranjadas na consciência que busca indicar rearranjos na realidade a serem buscados através da ação".

A ação tem como componente importante e necessário o processo do pensar. Não é apenas o pensar que determina a ação, mas ele é um dos seus determinantes, pois produz sentidos, direções e significações para a ação. Daí a necessidade de que o pensar seja "bem produzido", construído com rigor, sistematização, profundidade, com "examinação" constante e com disposição a revisões, levando em conta as várias situações de modo geral e *dentro de cada realidade situacional* (as relações dadas e as possíveis).

Um pensar assim, para Lipman, é um "pensar bem", de ordem superior, crítico e criativo que supõe a utilização coordenada e integrada do que Lipman denomina habilidades cognitivas que, quando utilizadas assim, em função de cada contexto situacional problemático, demonstram competência no pensar bem.

Um jogo, uma brincadeira são sempre contextos situacionais problemáticos que desafiam o uso integrado de várias habilidades, incluindo nelas habilidades cognitivas. Um assunto, numa aula de História, Geografia, Física, Literatura, Biologia, etc., pode ser um contexto situacional problemático. Uma história infantil, também.

Para que os educadores possam conhecer algumas das mais importantes habilidades cognitivas, identificá-las nos diversos contextos situacionais em que os alunos estão envolvidos, estar atentos ao domínio delas e ao seu emprego competente e possam oferecer ajuda educacional para desenvolvê-las ou aprimorá-las (oferecer mediação educacional adequada), Lipman reuniu quatro grupos de mega-habilidades.

Lipman alerta para o fato de que as habilidades sempre ocorrem de forma integrada em cada contexto ou situação problemática em que são exigidas. Daí, segundo ele, não é o caso de oferecer aos alunos "treinos" relativos a cada habilidade, e sim contextos situacionais problemáticos nos quais as habilidades são exigidas integradamente. O educador deve saber identificar as habilidades que estão sendo exigidas em cada situação, o seu emprego integrado e ser capaz de oferecer mediação educacional, a fim de estimular o desenvolvimento delas e o seu emprego cada vez mais competente.

Vejamos os quatro grupos de habilidades cognitivas:

1º GRUPO: Habilidades de Investigação

Investigação é busca de soluções, de saber como é, como ocorre, como se faz e como se resolve um problema. É busca de explicações, de como fazer e de saber como repetir o fazer, mas pode ser busca de saber como fazer diferente, de preferência para fazer melhor. Investigar é pesquisar, é procurar dar-se conta das relações que produzem determinado fato, objeto ou situação, e é procurar novas relações, tendo em vista novos fatos, objetos ou situações. Pode ser uma busca de saber como produzir, de maneira diferente, e possivelmente melhor, os mesmos fatos, objetos ou situações. Tudo isso exige pensamento crítico, criativo e também interesse pelos outros, cuidado com o bem-estar, respeito, solidariedade e "bem-querença" pelos outros e por si mesmo. Lipman chama a essas últimas qualidades do "pensar bem" de pensamento cuidadoso, de pensamento com elementos éticos.

Para se ter competência em um processo de investigação, são necessárias, no mínimo, as seguintes habilidades cognitivas:

a) A habilidade de saber observar bem.

Nós observamos utilizando os cinco sentidos (chamados sentidos externos) e com as capacidades de sensações internas. Sentimos sons com a audição, odores com o olfato, gostos com o paladar, texturas, calor, frio, dureza, maciez, resistência física, etc. com o tato, e luminosidade, figuras, formas, cores, perspectivas, etc. com a visão. Sentimos afeições, emoções, desejos, desejos dos outros, afeições, emoções, etc.

Sentimos tudo isso com uma orientação já dada pelo nosso cultural, por uma forma de interpretar que vamos construindo em nós mesmos a partir de muitos conceitos ou "pré-conceitos" formados a partir de nossas relações no meio em que vivemos. Organizando todos esses dados constituímos nossas percepções e conhecimentos.

Observar é se dar conta dos elementos que estão envolvidos em uma situação e de possíveis novos elementos que possam aí entrar, objetivando, principalmente, resolver impasses, dificuldades ou problemas que se apresentem. É se dar conta dos elementos e relações que produzem determinada situação, fato ou objeto. Observar criativamente é se dar conta de possíveis novas relações em determinada situação, fato ou objeto.

Esta é uma habilidade que todos temos e é possível desenvolvê-la ainda mais e melhor estimulando o seu emprego em determinadas situações. Pense como é possível estimulá-la em jogos e brincadeiras, no quanto é necessário, por exemplo, observar para identificar o que fazer para um jogo "dar certo", para que se possa participar bem dele, encadear as ações adequadamente, perceber os lances necessários, utilizar materiais pertinentes, posicionar-se, posicionar ou empregar elementos necessários ao jogo, etc.

Quando as crianças e os jovens não observam bem, o que se deve fazer? Com certeza, o "educador mediador" deve oferecer sua ajuda educacional, estimulando, dando "dicas", provocando o educando, instigando-o além da estimulação própria da situação de jogo.

Afinal, nesses casos, estamos utilizando os jogos e as brincadeiras, não por eles mesmos, mas com intenção educacional voltada ao desenvolvimento de certas habilidades.

É possível também estimular a observação nas conversas após a leitura de uma história ou de um texto. Nesses casos, pode-se pedir às crianças que se lembrem de certas passagens e digam se já observaram algo, na sua realidade, que seja igual, semelhante ou mesmo diferente. Pode-se pedir a elas que, para outro dia, tragam resultados de suas observações (iguais ou contrárias) relativas a algo lido ou relatado na escola. Ou que observem objetos, pessoas, animais, lugares, etc. citados nas histórias ou nas aulas e relatem aspectos dos mesmos comparando com a idéia que tiveram durante a leitura das histórias ou do trabalho com os temas nas diversas aulas. Em qualquer dessas situações, é importante que as crianças expliquem por que algo é igual, semelhante, diferente, contrário, maior, menor, etc. daquilo com que estão relacionando.

Outro bom exercício de observação é pedir que descrevam detalhes de quadros, gravuras, ilustrações, etc. relativos ou relacionados às histórias ou aos temas trabalhados.

O importante é criar situações, nas quais haja possibilidade de estimulação da habilidade de observação, e que tais situações "tenham a ver" com os temas que estão sendo estudados ou com as histórias lidas.

b) A habilidade de saber formular questões ou perguntas substantivas.

A partir das observações, somos levados a indagar. Há sempre algo que desperta nossa curiosidade, especialmente em situações embaraçosas.

Perguntar todos nós sabemos. O que nem sempre sabemos é formular "boas perguntas" que desafiem nosso esforço de indagação, de busca pela resposta ou solução. Quantas vezes ouvimos alguém dizer "mas que pergunta boba!".

"As perguntas bobas" talvez não nos impulsionam tanto para saber mais explicações, quanto para saber melhor como fazer. Trata-se de desenvolver a capacidade de formular perguntas substantivas que tenham conteúdo de interesse investigativo que nos impulsionam à busca de soluções pela importância delas nas situações em que estamos envolvidos.

Após, por exemplo, contar-se uma história, pode-se pedir às crianças que apresentem questões que a história as fez pensar; qualquer uma delas, podemos dizer. Assim que a primeira criança apresentar uma, o grupo tentará ajudá-la a obter resposta. Antes, porém, o grupo esperará por outras mais que, com certeza, surgirão. Mesmo que sejam crianças que ainda não lêem, é interessante colocar as perguntas na lousa e, à frente de cada uma, colocar o nome de seus autores. Após ter um grupo de algumas questões, pode-se lê-las e pedir às crianças que tentem pensar quais perguntas podem estar juntas, porque estão indagando a respeito de um mesmo tema ou de um tema parecido. Tais agrupamentos de questões podem ensejar uma boa conversa investigativa na tentativa de resolvê-las.

Quando são trabalhados certos temas em História, Geografia, Ciências, Biologia, Física, etc., o resultado é o mesmo, pois os alunos estarão se exercitando na formulação de perguntas e indicando o que mais lhes interessou.

Nas situações de jogos e brincadeiras, os envolvidos nem sempre sabem tudo o que é para se fazer. Cabe-lhes o direito de perguntar, mas tal possibilidade nem sempre é deixada clara. O educador que co-ordena a atividade deve indicar que é possível perguntar e, ao perceber as perguntas, avaliar se elas são "inteligentes", substantivas, pertinentes, etc. Se não forem, pode sugerir que sejam refeitas e saber o porquê de uma pergunta; isso de modo que quem a fez a reformule e consiga torná-la uma "boa pergunta", indicativa de um possível caminho para a solução de sua dúvida.

Terminada a atividade lúdica, pode haver uma avaliação pelos participantes, de maneira que todos possam questionar a qualidade da mesma, a qualidade da participação, as possibilidades de realização da atividade de outro jeito e até mesmo de forma diferente.

Pode-se incentivar perguntas sobre o porquê de certos lances da atividade, sua finalidade, significação, importância ou não. A observação de regras para a sua realização e a possibilidade de sua modificação, etc.

Perguntar é o passo inicial de uma boa pesquisa, que só é precedido pela observação. Assim mesmo, ambos estão, de fato, sempre juntos e integrados. Mas, com certeza, sem boas perguntas não há mobilização do esforço de investigar.

c) A habilidade de saber formular hipóteses.

Saber formular hipóteses é o mesmo que saber pensar respostas possíveis às questões que temos ou que os outros nos propõem. É ser capaz de supor possíveis respostas. Saber pensar respostas possíveis ou plausíveis quer dizer ser capaz de pensar respostas ou soluções que tenham alguma possibilidade de ser respostas que irão mesmo resolver as questões ou os problemas postos. Essas respostas são possíveis porque têm algo a ver com o contexto, com os dados de que se dispõe, com os resultados que são desejados, etc.

As hipóteses não plausíveis não cabem, nem de longe, naquela situação, não indicam o que se fazer. Já as plausíveis indicam e têm chance de comprová-las.

Para que alguém seja capaz de formular boas hipóteses, é necessário que seja capaz de supor, criar alternativas, inventar, etc. Tudo isso está diretamente ligado ao pensamento criativo, uma das competências muito exigidas atualmente de todos nós para podermos nos orientar melhor numa época de tantas mudanças, de tantos novos desafios para os quais não temos nem receitas prontas nem regras definitivas.

As aulas seriam muito mais interessantes se, a partir de questões inteligentemente provocadas por textos, histórias, brincadeiras, etc., os alunos fossem estimulados a pensar, eles próprios, as respostas ou soluções. Se eles fossem estimulados a avaliar soluções ou respostas possíveis (hipóteses) quanto à sua "chance" ou plausibilidade de serem boas respostas. Avaliadas como plausíveis, o passo seguinte será sempre o da busca da comprovação que é a habilidade a ser comentada a seguir.

Brincadeiras, jogos, atividades as mais diversas que provoquem o uso de todas essas habilidades e que permitam ao educador observar o emprego, avaliá-lo e "intervir educacionalmente", objetivando favorecer o desenvolvimento das mesmas, podem ser excelentes recursos no contexto educacional.

Quando as atividades lúdicas são realizadas mecanicamente, sempre da mesma forma, com os mesmos materiais e sem convite à criatividade, à imaginação e ao desafio pelo novo, elas são pobres no desenvolvimento da habilidade de formulação de hipóteses plausíveis.

O mesmo vale para aulas das mais diversas disciplinas, pois, antes da resposta do autor ou do professor, cabe tentar respostas dos alunos.

d) A habilidade de saber buscar comprovações.

A segurança de nossos saberes depende do quanto são comprovados. É importante que o sejam, pois nós os utilizamos para explicações, justificativas e para orientar nossas formas de agir.

Saber buscar comprovações para nossas afirmações é habilidade que pode ser desenvolvida quando se estimula a verificação, averiguação, medição, argumentação, experimentação, constatação, exemplificação, etc.

Não aceitar afirmações gratuitas, sem que paguem o preço de alguma comprovação, é atitude que força o interlocutor a ir em busca da prova. No âmbito educacional, o educador deve ser esse "cobrador de argumentos ou de provas". Não apenas "cobrar" provas, mas também indicar ou sugerir caminhos e meios através dos quais as provas podem ser encontradas.

Todas as situações citadas como oportunas para o desenvolvimento da habilidade de formular hipóteses são igualmente oportunas para o desenvolvimento da habilidade de saber comprovar.

Nos jogos ou brincadeiras há sempre desafios que pedem hipóteses e, a seguir, ação em decorrência das mesmas. Um bom procedimento pode ser pedir à criança ou ao jovem que pense cuidadosamente sobre os argumentos que tem para se deixar guiar por esta ou aquela hipótese. Que pense em outras situações nas quais o seu "eu acho" (hipótese) deu ou não certo e que seja convidado a prestar atenção e a avaliar se a forma como encaminhou a prática comprovou mesmo sua hipótese ou não e por quê.

Há de se aprender a comprovar por meio de bons argumentos, de "boas razões", como diz Lipman. É preciso sempre fazer um trabalho na busca e no aprendizado da consistência dos argumentos que possa oferecer para nossas afirmações. Um bom caminho é mostrar como bons autores fazem isso nos seus textos. Fazer com que os alunos identifiquem argumentos nos textos das várias disciplinas e que procedam a uma avaliação desses argumentos.

O procedimento é mais fácil com alunos maiores, mas é possível realizá-lo com crianças menores. Por exemplo, identificando argumentos de personagens em histórias e conversando com elas para avaliar se os argumentos (ou razões) foram bons ou não e por quê. Pode-se, também, nas conversas, prestar atenção às razões ou argumentos (aos "porquês") e pensar se são bons ou não.

e) A habilidade ou, melhor ainda, a disposição à autocorreção.

Uma vez avaliado que o caminho percorrido não comprovou o que foi afirmado ou o que foi imaginado, tem-se um desmentido da hipótese. Pode ter havido equívocos ou enganos tanto na afirmação inicial, na hipótese, quanto nos procedimentos de prova. É fundamental ter disposição à autocorreção, este é um excelente caminho para a sabedoria. É o que se chama de "aprender com o erro". Nesse sentido, esta é uma habilidade importante.

Trabalhar nas brincadeiras e nos jogos "o que não deu certo" e, principalmente, as razões pelas quais isso acontece pode habituar crianças e jovens a buscar aprendizagens dos erros e criar neles a disposição saudável à autocorreção. O mesmo se pode dizer do que ocorre nas aulas de Matemática, Língua Portuguesa, História, Geografia e outras.

As "conversas organizadas" em torno de um tema para obter ou construir coletivamente esclarecimentos a respeito do mesmo ou resolver questões (diálogos investigativos) são excelentes oportunidades para o exercício da autocorreção. Alguém afirma algo e apresenta suas razões. Outro afirma diferente ou o contrário e também apresenta suas razões. O professor coordenador do diálogo solicita que os participantes do grupo prestem atenção às afirmações e aos argumentos e pede que manifestem sua concordância ou não, a uma das posições e digam o porquê. É possível que uma das posições se mostre mais verdadeira, e alguém será convidado a rever seu modo de pensar ou até é possível que ambas as posições se mostrem frágeis ou equivocadas.

O processo reforça o hábito de nada aceitar sem prova, além de desenvolver a atitude saudável da disposição à autocorreção quando os argumentos apontam em tal direção.

2º GRUPO: Habilidades de Raciocínio

Raciocínio é um processo de pensar pelo qual nós conseguimos obter novas informações, a partir de algumas que já temos. Ou é o processo do pensar através do qual nós conseguimos obter novos conhecimentos, a partir de conhecimentos anteriores e de certas relações que estabelecemos entre tais conhecimentos.

Este processo de pensar pelo qual "tiramos" ou obtemos novas informações das relações de informações anteriores chama-se processo de inferência. "Tirar" ou inferir conclusões (novas informações) a partir de algo já sabido e das relações que estabelecemos entre seus elementos é chamado de premissa.

Raciocinar, portanto, é processo de "tirar" ou inferir conclusões pensando. É um processo que realizamos com muita freqüência no dia-a-dia. É um processo que crianças de quatro anos, ou até menos, realizam. Veja este exemplo relatado por uma professora a partir de uma conversa entre uma menina de quatro anos e sua avó por telefone.

Menina: "Vovó, meu irmão está muito triste porque minha mãe jogou todos os seus brinquedos no lixo".

Avó: "Mas que coisa! Está bem! Quando seu avô chegar, nós iremos até aí e vamos trazer seu irmão para morar conosco".

Menina: "Vovó, sabe de uma coisa também? A minha mãe jogou todas as minhas bonecas no lixo!..."

É fácil averiguar, neste caso, como a menina foi capaz de "tirar" (inferir) uma conclusão rapidamente a partir da resposta "posta" pela avó. O processo do seu pensamento (não dito nas palavras, mas nelas implicado) foi o seguinte: se minha avó vai levar meu irmão para morar com ela porque minha mãe jogou seus brinquedos no lixo, então, se eu lhe disser que minha mãe fez o mesmo com minhas bonecas, ela me levará também para morar com ela.

Na verdade, quando utilizamos palavras para expressar essa forma de pensamento, o que temos é um argumento, enquanto o raciocínio é o processo mental. Não é possível separar um do outro, pois ambos ocorrem juntos. Por isso podemos observar a ocorrência de raciocínios/argumentos nas crianças, jovens e adultos. Ao utilizarem as palavras "então" e suas similares (portanto, por isso, logo, etc.), podemos perceber se estão raciocinando/argumentando.

Aí entra o papel do educador com vontade de ajudar crianças e jovens a pensar melhor. Podemos avaliar se o raciocínio/argumento foi válido ou não, ou seja, avaliar se a conclusão inferida cabe ou não na relação que foi estabelecida entre as informações anteriores e entre elas e a própria conclusão. Podemos avaliar se a conclusão é plausível ou não e se ela decorre ou não das relações estabelecidas.

Caso se constate que o raciocínio/argumento não foi válido, podemos pedir à criança e ao jovem que explique melhor como chegou à conclusão, provocando, ao mesmo tempo, para que avalie se ela procede ou não, se ela cabe ou não, etc. Obviamente, teremos de auxiliar, nesta avaliação, quanto à melhor forma de estabelecer as relações entre as premissas, o que implica auxiliar na avaliação do que cada uma delas está afirmando ou não, etc.

Auxiliar em tudo isso é ajudar no desenvolvimento de habilidades que favorecem o desempenho de raciocinar ou argumentar bem. As habilidades são várias, mas talvez as mais urgentes a serem "cuidadas" educacionalmente sejam:

- Ser capaz de produzir bons juízos, isto é, ser capaz de produzir afirmações bem sustentadas por boas razões. Um bom caminho para a produção de bons juízos/boas afirmações é o da realização de boas investigações. As habilidades necessárias para isso foram indicadas acima.
- Ser capaz de estabelecer relações adequadas entre idéias e, especialmente, entre juízos. Temos de estimular crianças e jovens a estabelecer os mais variados tipos de relações entre coisas, fatos e situações e, especialmente, a estabelecer relações entre idéias, relatando-as de algum modo. Os tipos de relações possíveis são os mais variados: relações de grau (maior, menor, mais largo, mais estreito, etc.), de igualdade, de semelhança, de diferença, relações parte-todo, de causa/efeito, espaciais, temporais, de gênero, de número, sociais, semânticas, sintáticas, de transitividade, de reciprocidade, etc. Além disso, temos de incentivar os educandos a pensar relações novas, não existentes, mas possíveis (hipotéticas). Os jogos e as brincadeiras são fertilíssimos em desafios tanto para a constatação de relações que estão dadas (e nem sempre tão "visíveis") quanto para supor, tentar e testar novas relações.

Convém lembrar aqui a afirmação de Lipman, já citada anteriormente, de que "pensar é fazer associações e pensar criativamente é fazer associações novas e diferentes". Isto deve ser estimulado.

É importante também estimular o estabelecimento de relações entre afirmações/juízos. Tendo duas, três ou mais afirmações, verificar se têm alguma relação entre si. Se tiverem, é possível, a partir daí, pensar/afirmar alguma outra coisa que daí decorra?

As brincadeiras de associar palavras com palavras, frases com frases, são muito úteis neste sentido, especialmente quando se pede às crianças e aos jovens que digam a razão pela qual estão associando palavras ou frases entre si.

Também são úteis as brincadeiras que exigem associações ou relações de coisas com coisas, de fatos com fatos, de situações com situações, etc.

Nas atividades de leitura e interpretação de textos, seja com literatura infantil, seja com textos nas aulas de Língua Portuguesa ou das mais diversas disciplinas, é importante que se peça aos alunos para estabelecerem relações entre os vários textos ou passagens dos mesmos.

- Capacidade de inferir, de "tirar" conclusões. Esta é a habilidade básica que permite o raciocinar. Já comentamos o suficiente a seu respeito. Pense nos mais diversos jogos e brincadeiras, em todas as situações nas quais é exigido que se "tirem conclusões" ou que sejam feitas inferências. Pense nas mais variadas situações, nas diversas disciplinas curriculares, não só na Matemática, cuja utilização de inferências é tão freqüente, mas em todas. Há sempre um campo fértil de possibilidades para estimular o processo de "tirar conclusões".

É fundamental que o educador avalie se o educando está sabendo inferir ou não e provocá-lo, caso não o esteja, dando-lhe dicas, mas não inferindo por ele. Na proposta da "Comunidade de Investigação", pede-se ao grupo que ofereça as "dicas" que todos estejam sempre atentos para oferecer dicas uns aos outros. Quando os próprios alunos estão empenhados em "prestar atenção" às conclusões uns dos outros e em avaliar se elas procedem ou não, eles se tornam "professores" uns dos outros. Na verdade, tornam-se mediadores educacionais uns dos outros, assim todos aprendem muito mais.

Há outra habilidade muito útil tanto para a vida quanto para o desenvolvimento do raciocínio, trata-se da habilidade de identificar ou perceber pressuposições subjacentes, de ser capaz de "ler nas entre-linhas", ou de inferir o que está "sendo dito" de forma mais ou menos escondida quando se afirma algo.

Na afirmação "A preguiça, o descaso, a falta de vontade não geram riquezas. Daí a presença de tantos pobres em nossa sociedade", estaria aqui sendo afirmado que pobre é pobre, sempre, porque é preguiçoso, não tem vontade, não é cuidadoso. É possível inferir isso do que está sendo afirmado?

É possível fazer muitos exercícios, buscando o que está implícito, ao trabalhar com Literatura Infantil, com textos das mais variadas obras literárias, das diversas disciplinas curriculares, etc.

O importante é que todo professor se convença de que, hoje, não basta "dar conta do conteúdo" de sua área nem achar suficiente realizar alguma atividade programada. Ele precisa estar atento aos desempenhos cognitivos dos seus alunos e saber ajudá-los a melhorar o desempenho.

3º GRUPO: Habilidades de Formação de Conceitos

Um conceito é uma explicação intelectual de algo. É construção de nosso pensamento na qual coisas, fatos, situações são descritos, "entendidos" nas características e relações necessárias que os compõem, permitindo-nos uma compreensão da natureza dos mesmos. Um conceito é sempre uma organização de informações numa idéia que pode ser expressada por uma palavra, por um conjunto de palavras, por esquemas, etc. De acordo com Lipman conceito é um conjunto de informações relacionadas entre si e que formam um sentido, um significado.

Pense, por exemplo, na palavra *mesa*. Se dominamos ou compreendemos o significado que ela expressa, é sinal de que somos capazes de "ver" um conjunto de aspectos que, reunidos e interligados de certa forma, nos dão a idéia, o conceito do que constitui uma mesa. Um conjunto significativo é construído ou produzido em nós e por nós, mediados pelo mundo de que fazemos parte.

Podemos formar conceitos a partir de relações diretas com as coisas, objetos, situações, fatos, etc. dentro de contextos situacionais culturais de uso e significação, ou, ainda, formar conceitos sem estarmos em relação direta com tais objetos. Nesta segunda situação estão os conceitos que formamos através, por exemplo, da linguagem. Os outros nos contam, nos dizem, nos explicam características de certas coisas e nós as vamos aprendendo nas suas inter-relações significativas.

A posse de conceitos é o que nos permite articulá-los no processo do pensar, seja na forma de juízos, de encadeamentos desses juízos como em explanações discursivas ou como em encadeamentos desses juízos em raciocínios ou argumentos.

Pensar, na verdade, é articular conceitos ou idéias, é estabelecer relações entre elas, reproduzindo relações já existentes ou criando outras novas. Daí podermos afirmar que para pensar precisamos dos ingredientes básicos (conceitos, idéias) para podermos articulá-lo.

Uma das principais tarefas da educação de crianças e jovens é auxiliá-los a formar muitos e variados conceitos em suas mentes. Uma mente pobre de conceitos tem poucas chances de articular compreensão significativa e rica a respeito da realidade existente e de qualquer realidade desejável.

Muitas vezes, no processo educacional, colocamos as crianças e jovens em contato com muitas palavras, mas não as provocamos para que explicitem os significados delas. Eles se tornam leitores de palavras, porém, não dos seus significados. As palavras que já carregam significados ou conceitos não servem de veículo para a formação dos necessários conceitos. Nem mesmo nos preocupamos em estimular os educandos para que nunca deixem de perguntar pelo significado, que desconheçam, de qualquer palavra.

O trabalho com as palavras é bom caminho para desenvolver habilidades que auxiliam na formação de conceitos (sem a necessidade de contato direto com o objeto ou coisa). No entanto, é importante também o trabalho com objetos conhecidos ou desconhecidos. Quando se pede a descrição das qualidades e de suas inter-relações, faz-se com que o objeto seja ele mesmo e não outro, "deixando de lado" as qualidades que não são essenciais para configurá-lo como tal. As habilidades a serem desenvolvidas são:

- habilidade de explicar ou desdobrar o significado de qualquer palavra;
- habilidade de analisar e esmiuçar elementos que compõem um conceito qualquer e de unir de novo os elementos, reconstituindo o conceito;
- habilidade de buscar significados de palavras em fontes como dicionários, enciclopédias, pessoas, e de adequá-los ao contexto em que as palavras estão sendo utilizadas;
- habilidade de observar características essenciais para que algo possa ser identificado;
- habilidade de definir algo é o que o torna inconfundível.

Nos jogos e brincadeiras surgem oportunidades, as mais variadas, em que um educador atento pode proporcionar a busca de significados de certas palavras e, muitas vezes, de criar ou produzir conceitos novos. Estas últimas são oportunidades de contato direto com objetos, coisas, situações, nas quais o que se deve pedir às crianças e jovens é muita observação de características definidoras, esforços por interligar suas características entre si, tendo em vista configurar o objeto, etc.

Esses esforços levam à definição. Ser capaz de definir é uma das habilidades básicas no processo de formação de conceitos. Nas brincadeiras nas quais se pede para dizer "o que é", "o que é que é" são úteis nesse sentido e devem ser utilizadas.

Nas histórias há sempre novas palavras, cujos significados podem ser explicitados e incorporados. Nas variadas disciplinas escolares, muitíssimas palavras têm seus significados (conceitos) totalmente desconhecidos dos alunos. Quando não se faz, intencionalmente, o esforço de formação/aquisição dos mesmos, todo o trabalho de ensino-aprendizagem fica prejudicado, se não nulo.

Os alunos devem ser estimulados a perguntar pelo significado de toda palavra que desconheçam, mesmo que isso, no início, gere "demoras" que pareçam inúteis no desenvolvimento dos "programas". Ao contrário, nunca são inúteis: elas são a garantia de aprendizado e de maior rapidez no processo mais à frente.

4º GRUPO: Habilidades de Tradução

Traduzir é conseguir dizer algo que está dito com certas palavras ou de certa forma, por meio de outras palavras ou outras formas, mantendo o mesmo significado. Segundo Lipman é o que ocorre nas boas traduções de uma língua para outra. Isso ocorre também quando procuramos dizer, com nossas próprias palavras ou por outros meios, algo que alguém disse, escreveu ou expressou por mímica, desenho, etc., mantendo o significado.

Esses desempenhos envolvem habilidades de interpretar, parafrasear, analisar e todas as habilidades relacionadas à formação de conceitos.

Muitas brincadeiras e jogos exigem essas habilidades e devem ser aproveitados. Pensemos nas brincadeiras de "faz-de-conta", de repetir o que o outro disse, de interpretação de mímicas, de representar por desenhos uma frase, um conto, uma música, etc.

As atividades de leitura e interpretação de textos têm esse objetivo (ou devem tê-lo). A mesma razão devem ter as atividades nas quais se pede aos alunos que digam o que algum autor disse, pois muitos deles fazem apenas uma cópia, não estão fazendo uma "tradução". Essa situação não pode ser mais admitida, sob pena de privarmos os alunos de uma habilidade fundamental em suas vidas.

Quase todos os vestibulares hoje trazem inúmeras questões que, para serem respondidas, exigem que os estudantes as traduzam, pois somente com esse processo é possível encontrar respostas ou pistas importantes para suas resoluções.

Em muitas situações de vida precisamos ser capazes de "traduzir" mensagens. Os alunos têm o direito de ser capazes de fazê-lo. Isso corresponde a uma obrigação dos educadores de prepará-los para isso.

I.2.4 Reforçando algo que já foi dito

As habilidades cognitivas não são utilizadas, por nós, uma de cada vez, mas sim em grupos; não todas de uma vez, mas em agrupamentos de habilidades, dependendo dos desafios de cada situação em que estejamos envolvidos. Elas são mais bem desenvolvidas quanto mais solicitadas. Nós, nessas situações, as desenvolvemos uma a uma e, ao mesmo tempo, aprendendo a articulá-las integradamente. Competência seria ter as habilidades bem desenvolvidas e ser capaz de articulá-las integradamente, de acordo com as necessidades de cada situação. Proporcionar situações nas quais elas sejam solicitadas integradamente é um primeiro passo para o seu desenvolvimento e para o desenvolvimento da competência de empregá-las adequadamente.

O jogo de basquetebol é um exemplo. Para jogá-lo bem (ser competente neste jogo) são necessárias muitas habilidades, como ser capaz de arremessar a bola à cesta, de se deslocar na quadra para várias finalidades, ser capaz de impulsão, etc. Não basta para uma pessoa fazer muitos treinos de cada habilidade durante muitos anos; para isso, ela precisará jogar basquete e, durante cada situação de jogo, aprender a utilizar adequadamente todas essas habilidades.

Isso não quer dizer que não possa haver exercícios particulares para cada habilidade. Obviamente que isso pode e deve ser feito, mas o melhor lugar para aprender a utilizar as habilidades integradamente e de acordo com cada situação é no próprio desenvolvimento de muitos jogos.

Assim ocorre com as habilidades cognitivas, elas precisam ser exigidas nas situações em que devem ser empregadas como em Comunidades de Investigação, debates, momentos de produzir um trabalho escrito, jogos, brincadeiras, peça teatral, entrevista, etc.

O importante nesses momentos é o papel do professor que deve observar o desempenho dos alunos e verificar se as habilidades estão disponíveis a contento e se estão sendo empregadas de maneira adequada. Caso se notem deficiências em determinada habilidade, deverá haver exercícios específicos para cada uma delas. As exercitações, de preferência, devem estar ligadas ao contexto em que estão sendo exigidas. Alguns exemplos poderão ser encontrados nos Manuais do Professor de cada subprograma do Programa de Filosofia para Crianças. Em cada momento de cada História, surgem dicas relativas a várias habilidades. Os exercícios particulares para cada habilidade giram em torno de temas daquele momento de diversas histórias.

Estas considerações nos remetem a uma necessidade relativa à formação dos educadores neste particular: o professor precisa conhecer as habilidades e saber identificar o emprego de cada uma delas em cada situação, bem como o emprego integrado delas em grupos, conforme cada situação. O educador que estiver realmente interessado em oferecer uma *Educação para o Pensar*, deverá estudar muito esta nova temática relativa às habilidades cognitivas e às melhores maneiras de trabalhar com seus educandos a fim de auxiliá-los nesta direção.

REFERÊNCIAS BIBLIOGRÁFICAS

BARTH, Britt-Mari. *A aprendizagem da abstração*: métodos para um maior sucesso escolar. Lisboa: Instituto Piaget, 1994.

CENTRO BRASILEIRO DE FILOSOFIA PARA CRIANÇAS: Coleção Pensar. 5 vol. São Paulo. CBFC, 1998. Acesso pela Internet: www.cbfc.com.br

DELVAL, Juan. *Crescer e pensar*: a construção do conhecimento na escola. Porto Alegre: Artes Médicas, 1998.

FREIRE, Paulo. *Pedagogia da autonomia*: saberes necessários à prática educativa. São Paulo: Paz e Terra, 1998.

_____. *Extensão ou comunicação?* São Paulo: Paz e Terra, 1977.

_____. e FAUNDEZ, A. *Por uma Pedagogia da Pergunta*. Rio de Janeiro: Paz e Terra, 1985.

KOHAN, W. O. et al. *A Filosofia na Escola*. 6 vol. Petrópolis: Vozes, 1999/2000. (Especialmente os três primeiros volumes da coleção.)

_____. *Aprender a aprender.* Campinas:. Papirus, 1997.

LIPMAN, Matthew. *A Filosofia vai à escola.* São Paulo: Martins Fontes, 1990.

_____. *O Pensar na Educação.* Petrópolis: Vozes, 1995.

_____. *Natasha*: diálogos vygotskianos. Porto Alegre: Artes Médicas, 1997.

LORIERI, M. A. *John Dewey*: Conhecimento e Educação. São Paulo: PUC-SP, 1977 (Tese de Doutorado).

SHARP, A.; LIPMAN, M. e OSKANIAN, F. *A Filosofia na sala de aula.* São Paulo: Nova Alexandria, 1994.

SMITH, Frank. *Pensar*: epigênese e desenvolvimento. Lisboa: Instituto Piaget, 1994.

SPLITTER, L. e SHARP, Ann M. *Uma nova educação*: a comunidade de investigação na sala de aula. São Paulo: Nova Alexandria, 1999.

I.3 O PROGRAMA FILOSOFIA PARA CRIANÇAS E A EDUCAÇÃO PARA A CIDADANIA

Marcos Antônio Lorieri

No âmbito do Programa Filosofia para Crianças — Educação para o Pensar, pensado e criado pelo professor Matthew Lipman e desenvolvido por ele e por muitos estudiosos filósofos e educadores, em muitos países do mundo, incluindo o Brasil, há três aspectos básicos que indicam como esse trabalho pode contribuir para uma educação para a cidadania: aspectos filosóficos, cognitivos e dialógicos.

Se entendermos por cidadania o fato de todos nós pertencermos a um agrupamento humano no qual temos de conviver com outras pessoas, que todos têm direitos e deveres, tendo em vista algum tipo de vida que a todos possa, minimamente, "agradar" ou parecer bom, podemos imaginar algumas qualidades para as atitudes das pessoas que poderiam ajudá-las no exercício da vida em comum.

Uma vida em comum satisfatória para todos parece um ideal desejável. Difícil mesmo é haver acordo a respeito do que seria satisfatório, agradável ou bom para todos. Difícil também haver acordos quanto a uma série de aspectos que envolve uma vida em comum, mesmo que se tenha um acordo quanto ao que seria desejável ou satisfatório. Como exemplo podemos citar aqueles que dizem respeito ao que as pessoas devem ou não fazer, àquilo que elas podem ou não fazer ou àquilo que a todos precisa ser igualmente garantido. Diversas discussões já foram feitas sobre isso.

Os indivíduos precisam dispor de certas competências para poder participar dos diálogos que ocorrem nas várias instâncias da vida em comum. Para poderem contribuir com sugestões ou idéias criativas e bem argumentadas, precisam ter atitudes que sejam compatíveis com uma vida em comum considerada satisfatória ou boa. A educação é o grande recurso criado pela humanidade para tentar desenvolver essas competências mencionadas.

Dentro da educação em geral, a educação escolar é hoje, mais do que nunca, um espaço fundamental. Muitas propostas têm surgido na direção do desenvolvimento de competências e atitudes que sirvam às pessoas para sua vida enquanto cidadãs.

O Programa Filosofia para Crianças — Educação para o Pensar é uma dessas propostas e tem se mostrado eficaz como forma de desenvolvimento das referidas competências e atitudes que a seguir são explicitadas: elas dizem respeito aos três aspectos mencionados no início.

I.3.1 Competências "filosóficas"

Precisamos colocar o "filosóficas" entre aspas (entendimento, de certa forma, novo) porque significa educar filosoficamente as pessoas, ou seja, preparar as pessoas, desde cedo, para participarem com competência de algumas definições fundamentais que se renovam ao longo da História. Essas definições orientam a forma de ser das sociedades e o comportamento das pessoas. Ter claro, por exemplo, o que é ser gente, o que é ser pessoa e quem são os seres aos quais chamamos de pessoas.

Às vezes, parece que não consideramos como pessoas iguais todos os seres humanos, mas todos têm os mesmos direitos e deveres e uma "vida boa"? O que seria uma "vida boa" para todas as pessoas? Definir o que é ser pessoa e o que é uma "vida boa" para todos é essencial para se ter parâmetros (**ou... princípios?**) comuns na organização da "cidade", isto é, da sociedade.

É fundamental definir o que seja justo (é justiça), certo e errado, direito e dever, etc.[1] É também importante buscar referências comuns sobre o que é

---

1. Neste sentido, é interessante o que dizem Lipman, Sharp e Oskanian, 1994, p. 223: "Não podemos pedir às crianças que respeitem as pessoas a menos que as familiarizemos com todas as implicações do conceito de pessoa, e isto requer filosofia.

verdade, o valor ou não de se ter conhecimentos, quais são e o que são eles e o que entendemos a respeito do que é pensar e "pensar bem".

Talvez seja necessário buscar referências que nos ajudem a entender melhor o que é este mundo material, a Terra, a natureza e como devemos viver uma relação "adequada" com eles.

A quem compete produzir essas definições e referências? Talvez possamos concordar que alguns poucos as produzam. Isso não geraria a dominação desses alguns poucos sobre todos os demais pelo fato de as definições e as referências servirem como orientadoras da vida das pessoas?

Na forma como estamos entendendo que deva ser organizada a vida em comum (a cidade, o lugar da cidadania), não cabe pensar em alguns produzindo as grandes referências significativas, mas sim que todos devam participar de amplas discussões (diálogos) para a produção das mesmas e para a sua reconstrução contínua à medida que situações históricas exigirem.

Como todas as pessoas poderão participar das discussões de forma serena, firme e colaborativamente, se elas não tiveram oportunidades de se preparar para isso, envolvendo-se, desde cedo, neste tipo de exercício?

O Programa Filosofia para Crianças propõe essa "exercitação" que não se esgota no aprendizado do método, do processo ou do diálogo, mas tem sua ênfase maior no trato dos conteúdos, sempre problemáticos, da Filosofia. Conteúdos estes que dizem respeito às questões e temas que fazem parte da tradição do "ser-gente-no-mundo" revelados no processo sempre inacabado do filosofar.[2] Inacabado, porque dinâmica e processual é a História, mas sempre produtiva em referências significativas que disputam legitimação e hegemonia.

Essa produção tem tudo a ver com o exercício da cidadania. As pessoas orientam-se por isso, muitas vezes de forma nada clara, para agir da maneira como agem e para se posicionar em relação aos acontecimentos, validando ou não interpretações a respeito deles.

As pessoas orientam-se por referências significativas diferentes. Tal diversidade, em que pese sua riqueza, gera perplexidades, que, se não superadas, trazem dificuldades à vida em sociedade.

Nem podemos esperar que as crianças desenvolvam um amor ecológico pela natureza sem uma compreensão filosófica do que é a natureza.

O mesmo acontece com termos como sociedade, coisa, riqueza, verdade e vários outros termos e expressões que utilizamos constantemente mas dos quais as crianças têm apenas uma vaga compreensão.

A compreensão é o que a Filosofia, em seu sentido mais amplo, tenta fornecer."

2. Ver o que é dito por Splitter e Sharp, 1999, a este respeito, à p. 13.

Daí a necessidade do domínio do que foi chamado, acima, de competências filosóficas. Elas devem possibilitar que as pessoas possam, progressivamente, entender e ser capazes de pensar criticamente a respeito das temáticas filosóficas e de suas variações.

I.3.2 Competências cognitivas

São aquelas que dizem respeito a uma possível maneira melhor de pensar que envolve os processos de produção de conhecimentos, ajuizamentos, raciocínio/argumentação, conceituação, interpretação e tradução, criação de alternativas, etc.

Para o desempenho desejável nestes processos, precisamos cultivar, em nós mesmos, as competências para tanto, como *investigar* (observar, formular questões pertinentes e hipóteses, produzir comprovações), raciocinar (estabelecer relações adequadas entre idéias, ajuizando "bem", estabelecer relações adequadas entre juízos para produzir discursos com seqüência lógica correta, coerência, consistência e coesão e a produzir inferências corretas/válidas e argumentações consistentes), formar/construir conceitos (analisar, descrever, sintetizar, explicar, definir, etc.) e traduzir (parafrasear, dizer com suas próprias palavras o que ouve ou lê, mantendo o significado, etc.).

Podemos, facilmente, imaginar como uma educação voltada, sistematicamente, ao desenvolvimento dessas competências pode ser de enorme ajuda para o desenvolvimento de cidadania no qual as pessoas estarão aptas a produzir conhecimentos necessários à solução de situações problemáticas (*investigação*); em ajuizar bem, expor com clareza, consistência, coerência e coesão suas idéias e em inferir corretamente (*racionar*); em analisar, descrever, produzir sínteses, definir, explicar e se explicar (*formação de conceito*); em entender corretamente o que ouvem ou lêem, em interpretar (*tradução*).[3]

Pessoas com essas competências desenvolvidas podem ser mais participativas, colaborativas e produtivas numa vida em comum e gerar uma forma de sociedade, de cidadania mais desejável.

O "pensar bem" é ingrediente necessário ao ser humano para a sua vida necessariamente social (cidadã). Daí a necessidade que não pode mais ser adiada,

---

3. Em Lipman, 1995, especialmente na primeira parte, estas idéias estão amplamente desenvolvidas.

de uma educação para o pensar que deve ser priorizada especialmente na educação escolar.

Este "pensar bem", quando aplicado ao estudo das temáticas filosóficas, torna as "competências filosóficas" auxiliares mais efetivas para a cidadania e vice-versa, as temáticas filosóficas ficam mais bem compreendidas e analisadas criticamente. Ao serem objeto de investigação, análise, clarificação conceitual, argumentação, etc., por sua complexidade, promovem um empenho e exercício das competências cognitivas que acabam por desenvolvê-las ainda mais.

I.3.3 Competências dialógicas

São aquelas que visam as conversas nas quais o que se quer é o entendimento no tocante às *verdades possíveis* e às *possíveis ações justas.*

Todos desejamos a verdade e a justiça. Muitas vezes, porém, queremos que sejam reconhecidas como verdadeiras as "nossas verdades" e outras vezes que sejam tidos como justos os "nossos interesses particulares". Por outras, tentamos impor "verdades" e "formas de agir como justas", ainda que não o sejam. Isso não serve à cidadania e é preciso que se encontrem caminhos para que isso não ocorra.

Um dos caminhos possíveis produzido pela humanidade e que precisa ser mais bem desenvolvido em todas as pessoas é o da "conversa honesta e correta". O caminho da boa conversa busca o esclarecimento que objetiva produzir o entendimento em torno do que pode ser "mais verdadeiro", ao menos naquele momento, para todos e que pode ser "considerado mais justo".

Esse caminho da "boa conversa" podemos chamar de o "caminho do diálogo".[4] Não é nada fácil ser dialógico, para tanto, é preciso desenvolver várias competências. Essas "competências dialógicas", exercitadas na educação escolar e, por conseqüência, possíveis de serem desenvolvidas nas crianças e jovens, com objetivo de uma forma melhor de exercício da cidadania, são, dentre outras, capazes de:

---

4. Ver Lipman, em todos os seus textos, mas especialmente a parte IV de *O Pensar na Educação*, 1995, e também todas as obras de Paulo Freire, nas quais propõe uma Educação Dialógica. Excelente síntese de sua proposta encontra-se no seu livro *Extensão ou Comunicação?*, 1992.

- tomar a sua própria palavra, ser capaz de falar;
- falar na sua vez, respeitando a dos outros;
- ouvir atentamente as pessoas quando elas falam e ser capaz de entender o que falam;
- quando falar, oferecer bons argumentos ou boas razões para aquilo que fala;
- estar disponível para rever seus pontos de vista quando ficar claro, pelos argumentos apresentados, que o próprio ponto de vista ou é parcial ou é equivocado;
- participar do diálogo, mantendo-se no tema em pauta e na busca compartilhada de esclarecimentos para o mesmo;
- estar comprometido com a honestidade intelectual que envolve desejo sincero pela verdade.

Pessoas que tenham desenvolvido as "competências dialógicas" podem colaborar mais e melhor, na vida social, como cidadãos, tendo em vista encaminhamentos conjuntos e mais bem pensados para a solução das situações problemáticas do viver humano, sejam situações com grandes ou pequenos problemas.[5]

Na proposta do *Programa Filosofia para Crianças — Educação para o Pensar,* há o oferecimento da metodologia dialógica consubstanciada nas orientações relativas ao que, nele, se chama de Comunidade de Investigação.[6]

Espera-se que crianças e jovens que vivenciem a Comunidade de Investigação, ao menos durante os oito anos do Ensino Fundamental, possam tornar-se cidadãos que não só possuam as competências dialógicas desenvolvidas, mas também tenham disposição de empregá-las no trato com as questões e com as demais pessoas. Os que forem assim têm muito a oferecer para um mundo de entendimento, diálogo e, por conseguinte, para um mundo com possibilidades de paz.

A busca da justiça anda junto com a da verdade, ambas são feitas pelos seres humanos em conjunto, somando esforços, partilhando ações, ou seja, participando. Cidadania não é uma dádiva, é resultado que se conquista em co-participação e para a qual são exigidas competências que se adquirem.

---

5. Splitter e Sharp, 1999, especialmente Capítulos 1 e 2.
6. Sobre a metodologia proposta no PFC e os demais aspectos aqui mencionados, há publicações do Centro Brasileiro de Filosofia para Crianças, Como a *Coleção Pensar* (5 volumes) e o que se convencionou chamar de "Apostila do CBFC".

Um Programa de Filosofia para Crianças — Educação para o Pensar, nos termos em que estamos propondo — compartilhado na comunidade de investigação e, nela, partilhando o esforço de compreensão das grandes temáticas filosóficas que deve trazer junto o necessário desenvolvimento das competências cognitivas — pode ser um bom caminho educacional em colaboração para a cidadania que queremos.

REFERÊNCIAS BIBLIOGRÁFICAS

CBFC — Centro Brasileiro de Filosofia para Crianças. "Apostila" para uso em cursos de formação de professores. São Paulo, 1998.

_____. Coleção Pensar. 5 vol. São Paulo, 1995-1998. Podem ser consultados no site: http:// www.cbfc.com.br

FREIRE, P. *Extensão ou Comunicação?* 10ª ed. São Paulo: Paz e Terra, 1992.

KOHAN, W. O. e WUENSCH, A. M. (orgs.) Filosofia para Crianças: a tentativa pioneira de Matthew Lipman. Vol. 1. Petrópolis: Vozes, 1999.

_____ e WAKSMAN, V. (orgs.) Filosofia para Crianças na prática escolar. Vol. II. Petrópolis: Vozes, 1999.

_____ e LEAL, B. (orgs.). *Filosofia para Crianças em debate.* Vol. IV. Petrópolis: Vozes, 1999.

_____ e KENNEDY, D. (orgs.). *Filosofia e infância.* Vol. III. Petrópolis: Vozes, 1999.

LIPMAN, M. *A filosofia vai à escola.* São Paulo: Summus, 1990.

_____. et. all. *A filosofia na sala de aula.* São Paulo: Nova Alexandria, 1994.

_____. *O pensar na educação.* Petrópolis: Vozes, 1995.

_____. Natasha: diálogos vygotskianos. Porto Alegre: Artes Médicas, 1997.

SPLITTER, L. J. e SHARP, A. M. *Uma nova educação: a comunidade de investigação na sala de aula.* São Paulo: Nova Alexandria, 1999.

PARTE II

O PENSAR NA EDUCAÇÃO INFANTIL

•

II.1 ALTERNATIVAS PARA SE PENSAR O PENSAR NA EDUCAÇÃO INFANTIL: CRIANÇA, ADULTO E LITERATURA ORAL

Marilda da Silva

> *Meninos, eu vou ditar*
> *As regras do bom viver*
> *Não basta somente ler,*
> *É preciso meditar,*
> *Que a lição não faz saber:*
> *Quem faz sábios é o pensar.*

Estes versos reproduzidos do livro *Problemas da literatura infantil,* de Cecília Meireles (1984, p. 155), foram fundamentais ao preparo da reflexão que, com carinho, procurei elaborar e que considero altaneiro pelo significado em si e pelo objetivo que se propõe alcançar.

A deferência aos meninos, às regras do bom viver e ao modo de se fazer sábios diz respeito ao fato de que sempre que tenho de dar conta de uma tarefa como esta nunca sei de que ponto partir, por isso me vejo em meio a uma tormenta que, apesar das muitas vezes já enfrentada, me parece mais uma vez totalmente desconhecida, o que me faz cumprir a respectiva tarefa sem conseguir livrar-me da sensação de que cometi um equívoco sem precedentes. Mas, como disse o carteiro ao poeta, "a poesia não é de quem a faz, é de quem dela precisa".

Assim, apreendo o conceito e/ou a moralidade na racionalidade da poesia e almejo que a dança dos fios da tessitura sócio-histórico-cultural, na qual deixo cair o conceito poetizado, flua a fim de buscar harmonia entre prática e teoria, objetividade e sensibilidade, sujeito e história e adultos e crianças.

Se o que está em tela é o "pensar na educação infantil", então, o que está em jogo é a criança, tendo em vista os modos pelos quais ela é na escola estimulada a desenvolver suas estruturas cognitivas. E defendo os modos de educação que têm por objetivo desenvolver seres humanos, cujo ato de pensar deverá servir para se produzir uma sociedade justa, democrática e fraterna.

Reitero que as estratégias pedagógicas adotadas ao se trabalhar com as pessoas crianças possam possibilitar a apreensão dos recursos intelectuais que inibam a soberba das necessidades materiais desnecessárias provocada pela "esperteza humana" e corrijam as fissuras sociais possibilitadas por sofisticadas operações do pensar das quais uns homens, muito mais do que outros, utilizam em benefício próprio em detrimento de interesses coletivos. Como, em 1951, ponderou Cecília Meireles:

> "... considerando que o homem é um ser social — que conseqüências aguardam, no futuro, os que não se comprometerem com a corrupção do presente? Que cordeiros iremos preparar para tantos lobos?" (1984. pp. 135-6).

Por esse motivo, não trarei aqui, ainda que fosse possível, o ato de pensar na razão de uma entidade, como se a criança pudesse ser uma mera abstração conceitual e fizesse parte de um outro projeto ontológico. Quero evitar, até porque também sou pedagoga, o que Mirian Jorge Warde (1997) aponta como sendo uma prática da Pedagogia:

> "A pedagogia, contra as expectativas de seu herói-fundador, vem admitindo por muito tempo o aluno como abstração. Crescentemente, vem convertendo a criança em abstração. E, agora, em seu lugar, restam as estruturas das quais a infância tem sido deduzida..."(p. 308).

Opto, então, pela criança objetiva. A criança que trago aqui é aquela que está correndo nos parques arborizados e gritando a alegria de sua existência, a criança que trago aqui é aquela que está correndo da polícia na rua de uma favela e gritando o medo e a indignação, a criança que trago aqui é aquela que se intoxica nas minas de carvão, a criança que trago aqui é aquela que transporta tijolos desde os dois anos de idade, a criança a qual trago aqui é negra, ou branca, ou amarela, ou vermelha ou é aquela que é tudo isso ao mesmo tempo, a criança que trago aqui é a criança menina e a criança menino, a criança que trago aqui é a que está dentro de mim e dentro de você, a criança que trago aqui é aquela de onde vieram os homens de ontem, de hoje e de onde virão os homens de amanhã. Sendo assim, não farei nenhum exercício etimológico sobre a palavra criança ou congênere e também não evitarei o constrangimento que a historiografia crítica da criança possa nos causar. Desde já, anuncio: trata-se de uma triste aventura que se constitui em uma verdadeira queda de braço entre o mundo adulto e o mundo infantil, cuja lógica é o custo-benefício para os cofres do reino, da república, da democracia. E já são oportunas as observações de Monteiro Lobato, registradas nas décadas iniciais da primeira metade do século XX, num texto preparado, mas não apresentado para a Comissão Executiva da Conferência de Proteção à Infância:

> "Estamos ainda, infelizmente, num período em que a criança em vez de ser considerada como o dia de amanhã, não passa de nuisance. O animalzinho incômodo, para os pais e professores. Daí toda a monstruosa negligência a seu respeito" (Apud RUSSEFF, I. 1997, pp. 249-0).

Depois da criança, vêm à tona questões que dizem respeito especificamente a alguns modos através dos quais se poderá refletir sobre as práticas pedagógicas efetivadas nas instituições escolares no âmbito da educação infantil. Farei isso a partir de uma disciplina que defendo ser um dos fundamentos imprescindíveis à produção de uma "identidade cognitiva" do ato de pensar. O lugar em que escolhi estar não diz respeito ao desenvolvimento do pensamento da criança segundo Piaget, tampouco há nele preocupação com as características de cada uma das chamadas inteligências múltiplas de Gardner ou com o conjunto delas. Nesse lugar não entram também as máquinas de Turing. Se não entram esses recursos, que são necessários à especulação da complexidade dos mecanismos mentais e do sistema físico-químico humanos para se compreender o desenvolvimento intelectual do *homo legens*, entram outros. Os recursos aos quais me refiro vêm da literatura e devem estar a serviço de todos os demais advindos não apenas dos lugares aqui mencionados, já que esses não são os únicos que dispõem de recursos férteis à investigação da matéria. Pensando como educadora, empresto de Cecília Meireles aquilo que ninguém mais do que ela tem legitimidade assegurada para afirmar:

> "Talvez a ciência pedagógica não diga tudo, se não for animada por um sopro sentimental, que a aproxime do lirismo da vida quando apenas começa; desse lirismo que os homens, com o correr do tempo, ou perdem, ou escondem, cautelosos e envergonhados, como se o nosso destino não fosse o sermos humanos, mas práticos." (1984, pp. 30-1).

A ordem das idéias escolhida não é meramente um artifício estrutural do texto; é, acima de tudo, a ordem das prioridades das questões do "pensar na educação infantil", na qual deposito minhas esperanças.

II.1.1 A triste aventura entre forças desiguais: criança *versus* adulto

A historiografia crítica sobre a criança da idade antiga até nossos dias tira da penumbra a parte da saga da humanidade à qual não cabe nenhuma explicação honrosa nem que tenhamos muita boa vontade e sejamos, e eu sou, pacientes com a história e respeitemos, e eu procuro fazê-lo, os estágios da cultura pelos quais a humanidade vem atravessando e reorganizando constantemente seus costumes, valores e crenças. Aqui nos interessa, dessa história feia, os fatos que dizem respeito à luta desigual travada entre crianças e adultos, cuja aventura, em vez de nos provocar o deleite da viagem pelo tempo, nos dá a medida da tirania à qual as crianças são submetidas só por serem pequenas. E as pessoas grandes, os chamados adultos, que deveriam ajudar as crianças na difícil tarefa de crescer, o fazem, pelo visto, sem perceberem que não sabem ser nem criança nem adulto. Certa estava a tinhosa boneca Emília, do Sítio do Pica-Pau Amarelo, quando, em *A chave do tamanho,* chegou a diminuir o tamanho dos homens com o objetivo de pôr fim à 2.ª Guerra Mundial e furiosa dizia:

> "Ou acabo com a guerra e com esses ódios que estragam a vida, ou acabo com a espécie humana. Comigo é ali na batata!" (Apud RUSSEFF, I. 1997, p. 248).

Talvez essa metodologia emiliana, elaborada na primeira metade do século XX, pudesse ter sido útil para evitar o crescimento dos tiranos que impediram que a vida de um sem-número de crianças vingasse. A vastidão dessa aventura malcheirosa obriga-me a escolher apenas alguns episódios que serão didáticos aos interesses que nos reúnem aqui. Por isso, a origem histórica do mundo brasileiro parece-me ser um ponto de partida bastante oportuno.

Nas embarcações portuguesas do século XVI que rumavam à terra vista, os grumetes, meninos em torno de nove anos e filhos dos ninguéns, viviam sob os auspícios de adultos impiedosos e raramente chegavam à nova colônia portuguesa. Esses meninos crianças morriam durante a travessia vítimas do trabalho forçado, das enfermidades causadas pela fome e pelos compartimentos insalubres a eles destinados e dos maus-tratos por parte da tripulação adulta. Quando as tormentas marítimas assolavam os navegantes e era preciso esvaziar as embarcações, esses meninos crianças eram atirados vivos ao mar por mãos adultas: Primeiramente eles e depois, caso ainda fosse preciso, as coisas. As meninas crianças que embarcavam, às vezes antes dos sete anos completos, como os meninos crianças, também eram filhas dos ninguéns que compunham o grupo da escória da sociedade lusa. Essas crianças eram pelos marujos transformadas em mulheres e além das luxúrias lascivas de homens bêbados e violentos, tinham de enfrentar a fome, as doenças e o trabalho forçado. E quando, de algum modo, se rebelavam, eram espancadas até a morte e não mais meninas nem crianças e sim farrapos humanos serviam de alimento aos víveres do mar. Outras vezes, iam apodrecendo aos poucos em algum lugar escuro da nau, onde não pudessem ser alcançadas pelos olhos de seus algozes.

Como observa Fábio Pestana Ramos (1999):

> "... crianças, menos afortunadas, quando não pereciam durante a viagem, enfrentavam a fome, a sede, a fadiga, os abusos sexuais, as humilhações e o sentimento de impotência diante de um mundo que não sendo o seu tinha que ser assimilado independentemente de sua vontade. Combater o universo adulto desde do início seria tentar vencer uma batalha que já estava perdida" (p. 49).

Esse é apenas o começo da história da criança no Brasil iniciada no século XVI, cuja sucessão linear que pode ser vista no início do século XXI nos indigna e nos desola. Mostram as pesquisas e manchetes dos jornais crianças, filhos e filhas de carvoeiros, oleiros, de bóias-frias e dos mil e tantos ninguéns morrendo vítimas da fome, do trabalho forçado, dos abusos sexuais e das enfermidades que "lhes caem tão bem". A diferença que há entre aquelas pessoas crianças que embarcaram nas naus portuguesas e não chegaram a lugar algum e as pessoas crianças brasileiras de nossos dias, filhas dos ninguéns, é que estas últimas morrem em terra firme às vistas dos nossos reis e imperadores extemporâneos, cujas cegueiras ostentadas, moral e política, turvam a visão dos corpos estendidos no chão. Esses adultos, marujos da naus brasileiras, ostentam ainda uma surdez política que, convenientemente, os livram dos incômodos gemidos que ecoam por toda parte dos becos e nas bocas daqueles que — concebidos por eles já não mais de modo sutil — atrapalham o curso do desenvolvimento da nação e que não estão conseguindo, por conta e risco, ou por si só, se livrar do tacão do grande capital. Capital que os marujos brasileiros, à semelhança dos velhos marujos portugueses, protegem ao desprezarem as meninas e meninos crianças, filhos dos ninguéns, em lugares que jamais seus próprios filhos meninas crianças e meninos crianças conhecerão empiricamente.

As meninas crianças e os meninos crianças filhos dos ninguéns morrem de qualquer modo. Quando conseguem sobrepor a vida às infindáveis misérias materiais às quais estão expostos, são presas fáceis do bicho não mais de quatrocentos anos, agora de quinhentos, o qual enfrentou Thiago de Mello com a *Canção para os fonemas da alegria*. Embora o analfabetismo tenha diminuído no mundo, a Comissão Internacional sobre Educação para o século XXI mostra que há ainda 885 milhões de analfabetos, concentrados em países como o Brasil. Além disso, a Comissão mostra que 130 milhões de crianças não têm acesso ao Ensino Fundamental e 100 milhões das crianças matriculadas nas escolas não concluem as séries iniciais do processo de escolarização. O que significa que essas crianças, se quisermos ser sérios, compõem o grupo dos analfabetos.

Esse exercício perverso que propus é necessário na medida em que possibilita angariar recursos explicativos para se pensar as práticas pedagógicas dos professores da educação infantil à luz do imaginário coletivo brasileiro. Esse imaginário ainda vivo — fruto das influências dessa racionalidade histórica do subjugo da pessoa criança pela pessoa adulta, devido à longa e reiterada repetição dos fatos — certamente arranhou e deixou seqüelas nos modos de os educadores compreenderem "o ser criança", o que provavelmente implica o trabalho que realizam nas escolas da nossa gente pequena, tarefa que exige o reconhecimento da queda de braço histórica que se opera entre o universo infantil e o universo adulto. Nesse sentido, Cecília Meireles afirma:

"Uma das complicações iniciais é saber-se o que há, de criança, no adulto, para poder comunicar-se com a infância, e o que há de adulto, na criança, para poder aceitar o que os adultos lhe oferecem" (1984, p. 30).

Pelo exposto, há que se pensar na distância sócio-histórico-cultural que há entre o mundo da criança e o mundo adulto, tendo em vista a organização das escolas de modo geral e, neste caso, os modos por meio dos quais se efetiva o trabalho docente na educação infantil.

II.1.2 Literatura oral como recurso didático promissor ao exercício do trabalhador docente na educação infantil

No dicionário Aurélio, século XXI, p. 1225, entre diversos significados da palavra literatura, o que me parece oportuno aqui é o que esclarece como literatura "qualquer dos usos estéticos da linguagem", o que pode ser elucidado por Cecília Meireles:

> "Sempre que uma atividade intelectual se manifesta por intermédio da palavra, cai, desde logo, no domínio da literatura. A literatura, porém, não abrange, apenas, o que se encontra escrito, se bem que essa pareça a maneira mais fácil de reconhecê-la, talvez pela associação que se estabelece entre "literatura" e "letras". A palavra pode ser apenas pronunciada. É o fato de usá-la, como forma de expressão, independentemente da escrita, o que designa o fenômeno literário. A literatura precede o alfabeto. Os iletrados possuem a sua literatura. Os povos primitivos, ou quaisquer agrupamentos humanos alheios ainda às disciplinas de ler e escrever, nem por isso deixam de compor seus cânticos, suas lendas, suas histórias; e exemplificam sua experiência e sua moral com provérbios, adivinhações, representações dramáticas — vasta herança literária transmitida dos tempos mais remotos, de memória em memória e de boca em boca" (1984. p. 19-20).

A contribuição que essa citação nos oferece diz respeito ao esclarecimento de que a literatura como uso estético da linguagem pode existir mesmo antes do domínio da leitura e da escrita, podendo ser produzida e utilizada para se pensar sobre as coisas do mundo, para se estabelecer relações entre uma e outra coisa, para classificar, objetiva e subjetivamente, os valores éticos e morais pelos quais nos orientamos para estar no mundo e realizarmos outras tantas operações intelectuais demandadas pelo cotidiano, cujos mecanismos operadores são os do pensamento. Geni Guimarães (1989) em seu livro *A cor da Ternura* presenteia-nos com um belo exemplo de que a literatura vem antes das letras. Segundo ela, depois de se deleitar com a invejável longevidade da memória de Vó Rosária — que não sabia mais se tinha 98 ou 112 anos, mas sabia contar com detalhes a vida de uma tal Princesa Isabel —, ela, Geni, que não pôde entender muito bem de quem se tratava, devido ao barulho da meninada que rodeava a negra Rosária, pela generosidade despendida à sua gente, pensou logo tratar-se de uma Santa, tomando em seguida providências necessárias:

> "Rezei três pais-nossos e três aves-marias. Ofereci a Santa Princesa Isabel, pedindo-lhe que no dia seguinte não me deixasse perder a hora de levantar, nem esquecer o nariz sujo. Agradeci-lhe também por ter sido tão boa para aquela gente da escravidão. **Deitei-me, formulando uns versinhos na cabeça. Quando soubesse ler e escrever — que ela ia me ajudar —, escreveria no papel e recitaria na escola**" (p. 51 grifo meu).

O que está em jogo, acredito eu, é a literatura oral como recurso didático para introduzir a criança no mundo da escrita e da leitura, estimulando-a a pensar no que um dia poderá ler e escrever. É um modo de alimentar a alma para que, à moda de Fernando Pessoa, nada seja pequeno. É nesse sentido que Abgar Renault (1984), que teve o privilégio de prefaciar o livro *Problemas da Literatura Infantil*, de Cecília Meireles, que constitui, nesta reflexão, um dos esteios fundamentais, deu-nos contribuições:

> "A criança é, essencialmente, o ser que constrói, e constrói menos manual do que imaginativamente. Ora, qualquer construção exige materiais exteriores ao construtor, e o conto, sob qualquer das suas formas, é material de teor excelente para as criações da criança, que, por meio delas, se constrói a si mesma. Do material depende, em larga escala, a qualidade da construção, ou seja — a espécie de conto, que a criança ouve e lê, determina, em grande parte, a espécie de construção que fará e na qual a sua pessoa se mistura, se compromete e se completa" (13-4).

Está claro que a sugestão que faço, tendo em vista "o pensar na educação infantil", diz respeito à prática da literatura oral como recurso didático promissor para se produzir uma "identidade cognitiva" do ato de pensar, ou seja, criar condições para que as estruturas mentais movam-se mediante um abastado universo de informações aladas, líricas e humanas e contribuam para favorecer o desenvolvimento de raciocínios que levem a ações que sejam humanamente aceitáveis. É preciso contar histórias e contos de fadas para as crianças, pois eles são, afirma Bruno Bettelheim (1996):

"...a cartilha onde a criança aprende a ler sua mente na linguagem das imagens, a única linguagem que permite a compreensão antes de conseguirmos a maturidade intelectual. A criança precisa ser exposta a essa linguagem. E deve aprender a prestar atenção a ela, se deseja chegar a dominar sua alma" (p. 197).

A dificuldade de execução desse projeto na educação infantil, no entanto, retoma outra face da queda de braço estabelecida entre o universo infantil e o universo adulto. Será que os adultos que ensinam nossas crianças guardam na memória coisas que têm cheiro de leite, como histórias de reis, sacis, pessoas que morreram, assombrações? Será que as pessoas grandes que hoje ensinam as pessoas pequenas tiveram pais, tios, avós contando histórias sentados em cadeiras na calçada ou em qualquer canto da casa de uns e de outros? Será que os educadores de hoje lembram-se de alguma parlenda? Será que os professores que atuam na educação infantil já ouviram os contos de fadas e os reproduzem em sala de aula? Eu não posso esquecer o fato de que há uns três anos perguntei a um grupo de aproximadamente 60 alunas, de terceiro ano de pedagogia, se elas podiam reproduzir uma história que a elas foi relatada na infância e cujo sabor e cheiro guardavam na memória. Para minha tristeza, tiveram muita dificuldade para rememorar, e as que o fizeram, pela pobreza de detalhes, percebia-se que as histórias relembradas eram desprovidas de odor e paladar. O mais perverso, porém, é que apenas uma aluna desse grupo relembrou uma história contada por uma professora.

Essa face da queda de braço entre crianças e adultos tem também uma explicação histórica. Para usar Walter Benjamin (1975), o exacerbado desenvolvimento tecnológico provocou severas mudanças nos costumes e um deles diz respeito aos modos de se comunicar no chamado mundo moderno. As informações ganharam a velocidade da luz, e a comunicação, a velocidade do carro de boi. O elemento mediador das relações humanas que desapareceu do convívio das comunidades é a oralidade.

"ninguém mais fia ou tece enquanto escuta as narrativas" (p. 68). Disse Benjamin.

Ora, se o trabalho do professor é realizado por meio de um tipo de comunicação boca-a-boca e se os costumes derivados do progresso emudeceram as bocas e ensurdeceram os ouvidos, a pergunta que se deve fazer é como utilizar a literatura oral como recurso didático na educação infantil?

A pergunta não tem a função de colocar-nos impotentes diante da história dos homens nem tampouco de oferecer-nos, caso isso venha ocorrendo, uma saída honrosa para nossos silêncios literários exibidos no âmbito do trabalho docente que realizamos no espaço ocupado pela educação infantil. Essa pergunta tem a função de chamar às falas

Meninos, eu vou ditar
As regras do bom viver;
Não basta somente ler,
É preciso meditar,
Que a lição não faz saber:
Quem faz sábios é o pensar

REFERÊNCIAS BIBLIOGRÁFICAS

BENJAMIN, W. O narrador: observações acerca da obra de Nicolau Lescov. In: *Textos Escolhidos*. São Paulo: Editora Abril, 1975, v. 48, p. 68.

BETTELHEIM, B. *A psicanálise dos contos de fada*. Rio de Janeiro: Paz e Terra. 1996. p. 197. 11.ª edição.

DELORS, J. (org.). *Educação um tesouro a descobrir: relatório para a UNESCO da Comissão Internacional sobre Educação para o século XXI*. São Paulo: Cortez Editora, 1999, p. 123.

FERREIRA, A. B. de H. *Dicionário da Língua Portuguesa — Século XXI*. Rio de Janeiro: Nova Fronteira, p. 1225.

GUIMARÃES, G. *A cor da ternura*. São Paulo: FTD, 1994, p. 51, 9ª edição.

MEIRELES, C. *Problemas da literatura infantil*. Rio de Janeiro: Nova Fronteira, 1984, 4.ª edição.

RAMOS, F. P. A história trágico-marítima das crianças nas embarcações portuguesas do Século XVI. In: DEL PRIORE, M. (org.) *História das crianças no Brasil*. São Paulo: Contexto Editora, 1999, p. 49.

RENAULT, A. Prefácio da primeira edição. In: MEIRELES, C. *Problemas da literatura infantil.* Rio de Janeiro: Nova Fronteira, 1984, 13-4, 4.ª edição.

RUSSEFF, I. A infância pelos olhos de Monteiro Lobato. In: FREITAS, M. C. (org.) *História Social da Infância no Brasil.* São Paulo: Cortez Editora, 1997, pp. 248-9, 2.ª edição.

WARDE, M. J. Para uma história das disciplinas: psicologia, criança e pedagogia. In: FREITAS, M. C. (org.) *História Social da Infância no Brasil.* São Paulo: Cortez Editora, 1997, p. 308, 2.ª edição.

II.2 O PENSAR CRÍTICO NA EDUCAÇÃO INFANTIL: INTENÇÃO OU FICÇÃO?

Maristela Angotti

A história recente da Educação Infantil foi escrita de maneira bastante interessante dos pontos de vista acadêmico e social, estabelecendo decorrências claras para o setor legal que busca explicitar seu papel formativo no atual sistema educacional. Preocupações e interesses revelam a necessidade em garantir às crianças na faixa etária dos 0 aos 6 anos condições adequadas que possam favorecer a efetivação de seu processo de socialização e desenvolvimento integral.

Apesar das indefinições conceituais que ainda permeiam a área e do muito que ainda teremos de percorrer para defini-las, é fato a inserção da Educação Infantil como primeira etapa da Educação Básica, tornando-a parte integrante do sistema de ensino brasileiro demonstrado pela Lei de Diretrizes e Bases da Educação Nacional n.º 9.394/96 que define:

> "Seção II da Educação Infantil — Art. 29. A educação infantil, primeira etapa da educação básica, tem como finalidade o desenvolvimento integral da criança até seis anos de idade, em seus aspectos físico, psicológico, intelectual e social, complementando a ação da família e da comunidade."

Deve também ser responsável pelo cuidar e educar as crianças, como define o Referencial Curricular Nacional para a Educação Infantil (MEC/CEF, 1998).

Sob esta perspectiva pedagógica, de ser a Educação Infantil considerada um nível de ensino, em que o cuidar e o educar se fazem fundamentados e pelo desenvolvimento de conteúdos a serem trabalhados junto aos alunos é que balizo as análises subseqüentes que são decorrentes de pesquisas realizadas. Estarei me reportando fundamentalmente aos resultados constantes no relatório de pesquisa intitulado *Aprendizagem Profissional: os primeiros passos no magistério pré-escolar*. Estudo de caráter analítico-descritivo, desenvolvido dentro dos limites do paradigma da prática com foco definido no pensamento e na ação docente, buscou responder como a professora debutante no magistério pré-escolar constrói a sua prática e como ela aprende a se tornar professora a partir do início de seu efetivo exercício. Uma contribuição para se revisar os atuais cursos de formação de professores.

Buscou-se explicitar, ainda, elementos substanciais que sustentaram o pensamento, a aprendizagem das professoras que iniciavam a atuação no magistério pré-escolar, procedendo a identificação dos elementos que propiciaram ou dificultaram a manutenção das mesmas no cargo que ocupavam, além da análise dos fatores intervenientes do processo de desenvolvimento profissional na prática didática e da prática organizativa efetivada.

Em especial, neste momento, procurarei desenvolver a descrição e a análise do pensamento e das práticas realizadas pelas professoras debutantes no magistério pré-escolar como forma de prever resultados conseqüentes ou não para se desenvolver o pensar crítico da criança em idade pré-escolar.

O grupo de sujeitos foi constituído por nove professoras debutantes de uma instituição também iniciante em seu funcionamento numa pequena cidade do centro do Estado de São Paulo que se propôs a implementar o atendimento educacional ao infantil no ano de 1995.

Buscaram-se na abordagem qualitativa de pesquisa os procedimentos metodológicos utilizados. Destaco aqui dois deles: a elaboração de diários e a observação participante, por meio dos quais se pôde levantar dados essenciais para explicitar como as professoras iniciaram a construção de suas práticas profissionais.

A elaboração dos diários, instrumento de caráter íntimo, permitiu uma conversa da professora consigo mesma por meio de narrativas elaboradas sobre a experiência pela qual passava e a reconstrução imediata da vivência do fazer docente, favorecendo a cada uma delas a possibilidade maior de se apropriar, conhecer e poder explicitar as suas justificativas sobre as práticas realizadas, os valores emitidos e os conceitos definidos. Isso significa dizer que sutilmente foram sendo delineados, ao longo do desenvolvimento do projeto de pesquisa, traços possíveis para o desencadeamento de um processo de autoconhecimento para as professoras, mesmo que não claramente reconhecido, intencionado ou assumido por elas — ganhos que nem sempre são previstos no âmbito da pesquisa.

Conhecer-se enquanto pessoa é questão primordial para o profissional da educação, já que suas elaborações pessoais serão definidoras das marcas impressas em seu fazer, produto do fato de serem filtros singulares que elaboram "leituras de mundo", de texto e contexto, de suas vivências e experiências peculiares, dos conhecimentos que foram sendo elaborados ao longo do tempo e que definiram, de certa maneira, os encaminhamentos didático-pedagógicos dos conteúdos e das experiências realizadas junto aos e com os alunos.

A observação participante, por sua vez, concedeu um outro olhar sobre a experiência vivida a partir de uma base clara de fundamentos, favorecedores da análise e do entendimento efetivado referente ao processo formativo pelo qual passaram as docentes, bem como permitiu desocultar o processo de aprendizagem e desenvolvimento profissional ocorrido nos primórdios do que deveria ser a prática pedagógica.

A análise dos dados levantados pelos procedimentos empregados permite algumas afirmações quanto ao conteúdo que o pensar das docentes abriga, cabendo também a indagação sobre a procedência ou não de falarmos sobre a existência do pensar crítico no contexto das práticas realizadas e identificadas no cotidiano do funcionamento da instituição de educação infantil com a qual se trabalhou.

Há de se ressaltar que a qualidade do pensar está diretamente relacionada ao conteúdo utilizado e elaborado que possa se tornar conhecimento aplicado e transposto didaticamente em situações de vivência junto às crianças. O conteúdo/conhecimento está sendo aqui entendido, portanto, como elemento imprescindível de sustentação e qualificação para o desenvolvimento das habilidades exigidas no ato do pensamento crítico.

Os dados coletados permitem análises que decorrem desde a escolha pelo curso de formação inicial pelo qual passaram as docentes debutantes, baseados inclusive no fato de todas elas terem feito o mesmo curso magistério no nível médio, antigo 2.º Grau, na Habilitação Específica para o Magistério (HEM), único curso profissionalizante que na época havia na localidade em que moravam.

As elaborações expressas nas narrativas revelam que as avaliações emitidas pelas professoras sobre o curso foram bastante diferentes umas das outras. Diferenças que podem ser fruto, dentre outros tantos elementos, da própria motivação que as encaminhou para o magistério pré-escolar, bem como pela maneira de estabelecer a relação entre seu ser pessoa e de se entender e colocar enquanto profissional.

Parte significativa das professoras não reconheceu as possíveis contribuições que a Habilitação Específica para o Magistério (HEM) pudesse ter oferecido para a realização do efetivo exercício profissional, alegando, sobretudo, que as profissionais que as haviam formado não possuíam competência para fazê-lo e que o contato com a realidade do ensino tinha sido muito restrito, a parte teórica deixando a desejar.

Por outro lado, as que reconheciam as contribuições do processo formativo usavam os mesmo argumentos, ao contrário, para dizer que o curso havia sido bom, ou seja, que haviam tido boas professoras, que o curso era bem fundamentado em teorias, etc. Todas as professoras, porém, ao reverem no final do semestre a primeira etapa de seu caminhar, foram unânimes em afirmar que as dificuldades pelas quais haviam passado ao longo do primeiro período de efetivo exercício eram decorrentes de problemas oriundos da formação básica que não as havia preparado suficientemente para a atuação profissional.

As diferentes respostas obtidas sobre as contribuições do curso de formação básica podem estar vinculadas às motivações que as pessoas tiveram para optar pela atividade do magistério nem sempre compatível com o interesse, a identificação pessoal e o ato de ensinar. O que moveu a escolha profissional das nove professoras que compuseram a amostra de sujeitos foi muito mais a falta de opção para se prosseguir os estudos na cidade em que moravam e a necessidade de inserção rápida, se não imediata, no mercado de trabalho para poder prover o sustento pessoal e familiar. Portanto, a interação com a temática educacional pode não ter tido um clima favorável para a sua dinâmica, já que os interesses pessoais e profissionais não estavam relacionados ao compromisso de formar, educar, desenvolver integralmente as crianças por meio do ato de ensinar.

A partir da observação participante e da análise das narrativas, pôde-se constatar que o fazer realizado pelas professoras não estava suficientemente definido em intenções, em objetivos claros a serem atingidos, não tendo sido identificadas quaisquer referências a elementos teóricos, propostas pedagógicas elaboradas por elas ou por autores de reconhecida importância na área que pudessem dar sustentação para o encaminhamento da prática.

A concepção de planejamento, que envolveu num primeiro momento as atividades dos profissionais, esteve relacionada à idéia de organização da estrutura de funcionamento da instituição, pela qual se entendia o preparo aconchegante do ambiente para recepcionar as crianças, ou seja, ambientes físicos bem ilustrados que pudessem atrair a atenção das crianças por meio de uma atmosfera infantil agradável com personagens das tradicionais histórias da literatura infantil mundial estampados pelas paredes da instituição.

Ao tratar da questão do planejamento, é importante retomarmos as concepções das professoras sobre a formação e o descrédito sobre ela creditado enquanto fonte preparadora para o efetivo exercício. Portanto a revisão baseada no fato de as práticas terem sido realizadas a partir de atividades propostas pelas professoras debutantes decorrentes do material trabalhado no curso básico de formação. As atividades propostas pelas professoras, mesmo que sem o devido respaldo teórico e planejamento em que se pudesse definir a intencionalidade do fazer, além dos conteúdos a serem desenvolvidos e o acompanhamento do desempenho e do desenvolvimento infantil, foram provenientes das atividades que culturalmente fazem parte da dinâmica do trabalho realizado em salas de aula de educação infantil e que foram registradas em suas Pastas de Atividades confeccionadas no decurso da HEM.

O que se pode constatar é que minimamente o curso ofereceu algum tipo de subsídio para o início do fazer, mesmo que este esteja desprovido de qualquer tipo de autonomia intelectual fundamentada em conhecimentos que pudessem ter favorecido a elaboração qualitativamente diferenciada da prática pedagógica realizada. O que se toma como padrão, como modelo para execução, sem a devida apropriação intelectual de definição de entendimento e finalidades, passa a ser realizado como tarefa/atividade automatizada.

Cunha (1998), ao discorrer sobre a proposta de John Dewey referente a uma filosofia para educadores em sala de aula, revela que o autor

> "...insiste em mostrar que no papel do professor não cabe a omissão diante da responsabilidade de nortear o aprendizado de seus alunos. O mestre desempenha sua função ao planejar antecipadamente as atividades do grupo, ao organizar um ambiente que favoreça experiências satisfatórias à construção do conhecimento e que desenvolva as potencialidades dos educandos; tal planejamento deve ser flexível a ponto de permitir a expansão das variadas capacidades individuais; caso contrário estará muito próximo do procedimento tradicional. No decorrer das atividades previamente estruturadas, o professor deve posicionar-se como um membro do

grupo, haja visto que a educação é um processo social em que todos devem ser envolvidos. Esse preceito, exclui o professor da missão de chefiar tiranamente a classe, não sugere que ele possa abster-se do que realmente é: um membro do grupo, sim, porém, um membro mais amadurecido a quem cabe coordenar as interações entre os aprendizes e destes com os objetos a serem conhecidos(...)" (p 64).

As professoras não identificaram inicialmente em suas narrativas a preocupação e o interesse em se posicionar como profissionais capacitadas para prover situações de conhecimento para as crianças, mas sim uma forte preocupação com as crianças. Essa preocupação relaciona-se, sobretudo, à relação afetiva que queriam ver estabelecidas com estas. As debutantes foram reincidentes na idéia expressa de quererem ser aceitas pelas crianças, situação que se configura também no cotidiano do seu fazer. Cito como exemplo um fragmento da narrativa da professora A retirado do seu Diário de Professora:

"Acho que a maior 'ajuda' que tive foi o relacionamento com as crianças, ou seja, o carinho que conquistei das crianças foi o alicerce do meu trabalho. Sem elas jamais conseguiria conhecer e dialogar com elas, a conhecer seu 'mundinho', seu pensar, seus limites. Posso dizer que através do diálogo e do respeito que tive para com as crianças, elas se abriram mais rápido a mim, dando-me oportunidade de conhecê-las melhor. E o respeito a seus direitos fez com que elas passassem a confiar em mim." *

O fato de as crianças se tornarem elemento central da preocupação das professoras as fez assumir um papel importantíssimo na elaboração do fazer, visto que o conhecimento que não foi elaborado a partir das teorias sobre a natureza do ser criança e que poderiam ser ou não crivados pela prática, foi sendo estruturado a partir do contato com as mesmas. As professoras foram descobrindo no decorrer de seu trabalho elementos que permitiram a elas elaborar noções sobre quem e como eram as crianças, quais limites possuíam, qual o seu grau de autonomia. Muitas vezes assustavam-se com as respostas, comportamentos, histórias de vida e a maturidade delas.

Acredito que a superação das expectativas em relação ao poder de realização da criança esteja diretamente relacionado ao fato de não existir na nossa

---

* Os fragmentos das narrativas das professoras, retirados dos "Diários das Professoras", foram aqui reproduzidos mantendo a sua apresentação literalmente.

cultura educacional um princípio norteador do trabalho docente que seja baseado no crédito do potencial do aluno.

As crianças constituíram-se em fonte de conhecimento sobre sua natureza, de suas condições e limites de realização, além de terem desempenhado também o papel de avalistas das atividades que deveriam ser realizadas de maneira recorrente, já que era a partir do seu interesse e do desempenho obtido por elas que, muitas vezes, as professoras definiam ou não a aplicação ou o emprego de uma atividade.

Como algumas atividades são consideradas de suma importância no contexto deste nível de ensino, mesmo que inicialmente as crianças não tivessem demonstrado interesse pelas mesmas, essas atividades foram novamente propostas, pois são consideradas parte do legado pedagógico oriundo dos primórdios das instituições de Educação Infantil idealizadas por Froebel no século XIX (Angotti, 1994). Como exemplo ilustrativo da tentativa de se reafirmar a prática da cultura das atividades específicas para tal nível de ensino, pode ser citado o da professora B, com o uso das massas de modelar:

> "21 de agosto — 2.ª feira
> Levei massinha para moldar, as vezes sinto que minhas crianças não se interessam muito ou será que foi a novidade? Não conseguiram fazer nada por mais que eu sugerisse. Só queriam que eu fizesse para elas e esta não é minha proposta. Vou levar massinha numa outra oportunidade quem sabe elas reagirão de outro modo."

Destaco a preocupação da professora em não sugerir o que deveria ser moldado, pois foi o que ela fez literalmente, não tendo orientado, ensinado, buscado desenvolver as habilidades referentes ao como fazer. Dias depois, o material foi novamente proposto e, uma surpresa, as crianças se envolveram com a atividade.

> "28 de agosto — 2.ª feira
> Tentei novamente com as massinhas, senti um grande progresso. As crianças se mostraram criativas, fizeram homenzinhos flores, casas. Graças, elas estão reagindo aos estímulos positivos. Consegui que ficassem um bom tempo envolvidas."

A experiência da mesma professora B com atividades extra-classe pode ser um exemplo interessante sobre a questão também levantada referente ao crédito no potencial do aluno.

5.ª feira — 23 de novembro
Depois de muito pensar e com o apoio da Maristela hoje resolvi sair à passeio fora da escola com as crianças, eu sabia que um dia eu teria que sair, pois havia prometido. Foi uma experiência ótima, elas superaram as minhas expectativas e se comportaram muito bem pela idade. Brincaram bastante, pegaram pedrinhas para a nossa coleção, acharam insetos, viram as pinturas do muro, cantaram durante a caminhada, e imagine só nem brigaram. Foi ou não um sucesso? Farei outros passeios logo que seja possível, pois foi muito produtivo para mim e para elas."

Seria importante chamar a atenção novamente para a inexistência do ato de planejar, da definição da intencionalidade do ato educativo, já que a professora levou as crianças a um passeio baseada, sobretudo, na promessa que havia feito de um dia realizar tal atividade, sem, contudo, ter demonstrado interesse pelo planejamento adequado para que frutos pudessem ser colhidos com este procedimento.

Apesar de a professora B realçar a importância frente à realização do passeio extra-classe, de reconhecer e explicitar seu estado de perplexidade positiva diante do comportamento dos alunos e ao seu poder de participação, o dia seguinte não foi marcado por atividades que pudessem, por exemplo, justificar o fato de as crianças terem selecionado pedrinhas, já que a coleção não foi conservada nem sequer trabalhada, os conteúdos não foram elaborados, apenas foi reforçado o sentimento de uma atividade prazerosa realizada no dia anterior.

A constatação de que o passeio foi subaproveitado pela professora está revelada em suas próprias palavras, quando registra o retorno normal à rotina de trabalho logo no dia seguinte:

6.ª feira — 24 de novembro
Hoje as crianças comentaram muito sobre o passeio de ontem, querem sair outras vezes, disse que assim que for possível iremos. O dia transcorreu normal sem grandes novidades."

As professoras não demonstraram a suficiente apropriação elaborada de conteúdos que compõem a grade curricular do processo regular de escolarização (por exemplo: conteúdos de História: datas comemorativas cívicas ou religiosas) ou de conteúdos que tivessem sido produto de comportamento de busca decorrentes de necessidade e interesses pessoais e profissionais para a efetivação de fins educativos na estruturação de seus esquemas práticos de ação docente.

O referido conceito de "esquemas práticos de ação docente" foi desenvolvido nos estudos sobre formação e atuação profissional de professores empreendidos pelo espanhol Gimeno Sacristán e está constituído a partir do entendimento do que possam vir a significar as tarefas.

> "As tarefas se reafirmam como unidades significativas de análise da profissionalidade docente por serem microcontextos de aprendizagem dos alunos, definidos por uma intencionalidade educativa. Sua efetivação traz o crivo da pessoa do professor, que nele imprime seus valores, suas crenças, seus ideais, seu jeito próprio de ser.
> A ordem implícita na seqüência racional e não arbitrária de executar tarefas é definida por uma estrutura própria de pensamento e ação docente, que permite compreender o funcionamento flexível da prática, o papel ativo e intelectual dos professores e a própria ligação entre teoria e investigação, entre pensamento e ação que definem o conceito de esquema prático de ação.
> O esquema prático é considerado por Gimeno (1988) como sendo uma rotina. O conceito de rotina utilizado pelo autor baseia-se nos estudos e nas elaborações de Linhardt sobre o pensamento e a prática de professores experientes, está sendo entendido como *um seguimento de conduta de alunos e professores estruturado em forma de atividade orientada ao cumprimento de uma finalidade, que uma vez dominada permite que se realize um ensino em um curso de ação fluído e de forma previsível*" (p. 281).

Sob essa perspectiva, o domínio de esquemas práticos que cada tipo de tarefa implica, pode favorecer o desenvolvimento da profissionalidade docente, ao permitir que o professor se aproprie e desenvolva padrões de ação e comportamento profissional específicos, utilizados em diferentes tipos de tarefas.

> "Entenda-se, portanto, pelo termo 'esquema prático' as elaborações básicas que vão propiciando a projeção do trabalho do professor, num processo permanente de escolhas experienciadas que constituirão a própria ação, bem como regras básicas, rotinas, situações de confiança para o professor desenvolver o seu fazer em todas as funções que realiza, que extravasam o tempo letivo e relacionam-se ao ensino pré-ativo, interativo e pós-ativo (planejamento, execução e reavaliação)" (Angotti, 1998, pp. 24-25).

O trabalho docente constitui-se em um fazer de caráter eminentemente intelectual que se efetiva plenamente no desenvolvimento da dinâmica do ato de ensinar, por meio da qual se procede à busca da formação do educando.

O caráter intelectual está caracterizado já no momento da elaboração do fazer em que o profissional procede à elaboração de suas sínteses pessoais, na apropriação e elaboração de si mesmo e dos diferentes conteúdos que lhe permitem ser e se tornar professor. Esses conteúdos referem-se aos valores, ideais, concepções pedagógicas, teorias, conteúdos das diferentes áreas do conhecimento, conteúdos pedagógicos que, se assumidos e elaborados efetivamente, permitirão à professora a estruturação projetiva de seu fazer.

O planejamento necessita, portanto, de conteúdos minimamente elaborados que serão utilizados na definição do caráter conceitual do fazer, na definição de suas finalidades e de seus objetivos, das escolhas metodológicas e avaliativas do acompanhamento do desempenho e do desenvolvimento infantil, bem como do próprio trabalho realizado.

O que se pôde perceber na pesquisa realizada com professoras debutantes no magistério pré-escolar foi que esta etapa do fazer docente, de forte apelo organizativo intelectual que é o planejamento, foi efetivada de modo restrito, ou seja, o significado do ato de planejar ficou restrito à escolha definidora de atividades a serem propostas aos alunos e aos materiais necessários.

Nota-se no instrumento elaborado pelas professoras a ausência de definição da intencionalidade que possa caracterizar o porquê das escolhas dessas e não de outras atividades e que não houve uma previsão de possíveis conteúdos, habilidades, comportamentos a serem trabalhados e atingidos pelas crianças. Este dado permite reafirmar que a atividade docente, na sua etapa fundamental de elaboração, ficou restrita à escolha de atividades a serem realizadas junto às crianças, porém, sem a definição do seu "porquê", "para quê" e até mesmo do seu "o quê" seria trabalhado em termos de conteúdo, comportamento e habilidades.

Há de se colocar que a ausência ou falta de identificação da importância do ato de planejar, como elemento primordial que caracteriza o trabalho docente, não foi assumida desta forma apenas pelas professoras; o corpo técnico-administrativo também não revelou conhecimentos pedagógicos que sustentassem a necessária elaboração do fazer nos seus diferentes elementos e momentos.

O instrumento de planejamento foi solicitado pela equipe técnico-administrativa no início do semestre letivo. As professoras não foram orientadas no como fazer o mesmo. A solicitação do material que havia sido feita no início do semestre foi momentaneamente esquecida, postergada no tempo, só tendo sido feita a recolha do material no final do segundo mês de efetivo exercício, depois de várias professoras terem alertado a coordenadora para o fato de estarem com o material pronto. O material foi recolhido, aceito e não discutido com as profissionais envolvidas, caracterizando-se como uma medida meramente administrativa desprovida de finalidade pedagógica.

A equipe de docentes não trabalhou coletivamente, nem sob a orientação da equipe técnica, o projeto pedagógico da instituição, tornando o fazer de cada uma delas um segmento isolado e solitário de efetivação de atividades propiciadoras de um clima de socialização das crianças e aprendizagem de comportamentos adequados para a vida em comunidade, mesmo que atingidas muito mais num caráter intuitivo pelas professoras em decorrência da cultura da vida em sociedade.

A cultura pedagógica da área de educação infantil e do funcionamento das instituições escolares de outros níveis de ensino parece ter influenciado o trabalho das professoras e o estabelecimento das relações entre as equipes de profissionais que se encontravam mantidas no mesmo espaço e em igual momento de construção, visto que a instituição também era iniciante em seu funcionamento.

A relação entre o corpo técnico-administrativo e o corpo docente da instituição na qual se trabalhou foi marcada pelo distanciamento, pela falta de crédito no potencial de realização das profissionais, pelas relações autoritárias baseadas numa cultura de hierarquização de papéis em que a cooperação, as relações mútuas de troca e construção de conhecimento não foram cultivadas.

As relações assim mantidas não favoreceram, como poderiam ter favorecido, a constituição de uma comunidade de investigação mais envolvente, baseada numa versão de maior integração entre os atores educativos, versão esta que pode ser considerada como mais ampla, envolvendo outros componentes importantes para a elaboração e efetivação da proposta pedagógica da instituição e do trabalho docente do que a proposta elaborada por Sharp e Lipman (1995), mais voltada à integração colaborativa entre os alunos.

A constituição de tal comunidade exigiria participação, respeito mútuo, o reconhecimento de que atores educativos colaboram ativamente na elaboração e reelaboração das leituras de mundo do outro, conseqüentemente da qualidade de sua interação e inserção na sociedade que se estrutura pelas vias das diferentes áreas de conhecimento.

As relações identificadas entre as profissionais em seus diferentes papéis dentro da organização institucional tornaram-se elemento de grande desgaste para as profissionais e de dificuldade de manutenção em seus cargos, pois não encontravam o devido apoio, orientação e reconhecimento frente ao fazer docente realizado. Cenas clássicas de um cotidiano competitivo e pouco cooperativo.

Retornando à escolha das atividades realizadas pelas professoras, identifica-se que estas ocorriam em função das atividades que historicamente se atribuem como sendo as melhores para proverem o desenvolvimento integral das crianças da faixa etária entre 0 e 6 anos, incluindo a intenção de alfabetizar, que foi entendida pelas docentes como a habilidade desenvolvida nas crianças de ler e escrever, de identificar as letras e compô-las em situações específicas.

As debutantes demonstraram insegurança e incertezas, para não dizer desconhecimento, no desenvolvimento de conteúdos possíveis e pertinentes de serem trabalhados nos diferentes espaços de vivência dentro e fora da instituição e no decorrer das atividades propostas.

O papel atribuído ao conteúdo no ensino pré-ativo, ativo e pós-ativo não foi condicente com o que se espera de um processo educativo estruturado sob o formato de sistema de ensino, através do qual professora e alunos deveriam interagir num processo mútuo de formação mediado pelo elemento conteúdo.

A pouca preocupação identificada com o conteúdo, com o conhecimento elaborado e o a ser trabalhado pela professora e pelas crianças em situações pedagógicas de vivência experienciada na situação analisada permite considerar difícil falarmos em processo pedagógico que forma, que educa por meio do embate constante do sujeito com o conhecimento.

O conhecimento precisa ser assumido como o elemento capaz de favorecer a constituição do ser enquanto pessoa, ser social, ser político, cidadão na configuração de forças internas e externas ao sujeito que promovem um conflito cognitivo permanente que poderá resultar em novas elaborações e que, se assumidas pelo sujeito, constituirão o crédito de realidade pessoal ("leituras" de textos e contextos específicas), conhecimento elaborado na singularidade do ser.

O papel acanhado que parece ter sido delegado ao conteúdo/conhecimento no contexto pesquisado de aprendizagem e desenvolvimento profissional de professoras debutantes no magistério pré-escolar, mesmo que aqui se possa colocar como um estudo de caso de uma instituição, traduz uma das razões diretas do empobrecimento e da possível descaracterização do trabalho pedagógico na educação infantil.

O conhecimento de diferentes áreas e matizes constitui a ferramenta fundamental para a qualificação do processo estruturado do pensar crítico do professor, condição básica, se não necessária, para que os esquemas práticos da atuação docente possam ser construídos sob bases criativas, autônomas e adequadas às exigências de formação educativa do indivíduo.

Diante do exposto e tentando fazer avançar a discussão sobre as definições pedagógicas da educação infantil, recoloco a questão posta por John Dewey referente ao como fazer pensar. Porém, completa-a na caracterização da prática pedagógica docente a ser efetivada no âmbito da educação infantil, ou seja, como fazer pensar a criança cuja professora não possui estruturados conhecimentos e movimentos de busca que lhe permitam autonomia intelectual para o exercício profissional criativo, motivado pela necessidade e o interesse pelo ato de entender e melhor prover a vida em sociedade?

Dias da Silva (1992) revela contribuições sobre o importante papel dos saberes que as professoras depreendem e elaboram no efetivo exercício profissional, saberes que constituem a denominada sabedoria docente, assim definida:

> "Se a vida cotidiana ao longo dos anos possibilitou a elaboração da Sabedoria Popular, talvez possamos pensar numa "Sabedoria Docente" engendrada ao longo do tempo pelos professores — portadora de suas crenças, concepções, ideais, modos de ação e até procedimentos e hábitos — que não necessariamente são consistentes com as teorias pedagógicas. "Sabedoria que pode estar norteando o dia-a-dia dos professores e que 'econômica e pragmaticamente' justifica suas ações" (p. 22).

Apesar de assumir convictamente o papel de importância que a sabedoria tem para o professor, para sua aprendizagem e para o entendimento do que faz, além do conseqüente substrato para repensarmos as contribuições para os cursos de formação, há de se ressaltar, porém, que cabe ao processo formativo e ao professor — por dever de ofício — ir além das suas próprias elaborações oriundas da prática, buscando superar um saber que pode estar assentado no patamar de senso comum ou numa cultura estabelecida de formação e prática escolares. A superação só virá caso esforços sejam empreendidos a fim de se fundamentar melhor e coerentemente a prática, por meio de conhecimentos teóricos-práticos outros que favoreçam fundamentações possíveis nas bases de conhecimento cientificamente desenvolvidas pelas diferentes áreas.

O conhecimento precisa ter seu papel mais bem definido nas práticas pedagógicas desenvolvidas na Educação Infantil, superando concepções correntes referente à facilidade do trabalho docente a ser realizado, visto que não se tem a necessidade de muito estudo ou muito conhecimento para executá-lo. A concepção é de todo equivocada, sobretudo, se pensarmos que à professora da pré-escola cabe inserir a criança no mundo do conhecimento, introduzi-la nos significados possíveis que a vida em sociedade possa ter e de como melhor dela participar por meio do acesso aos conhecimentos históricos e cientificamente elaborados pela civilização, mesmo que trabalhados de maneira lúdica, com experiências concretas de vivências significativas e informais com as crianças.

A superação da falácia, sobre as exigências de competências cognitivas ou a falta delas para a realização do trabalho docente neste nível de ensino, precisa ser de pronto superada, pois tem-se constituído em um forte elemento para a escolha profissional de pessoas pouco afetas ao conhecimento e ao ato de ensinar.

O perfil profissional do professor de educação infantil, definido no volume introdutório do *Referencial Curricular Nacional* para a Educação Infantil (1998), expressa a preocupação com a formação do professor polivalente que prescinde de conhecimentos de diferentes áreas de conteúdo tanto para prover o processo de educar quanto do estabelecimento dos cuidados do infantil nas diferentes etapas e momentos que caracterizam tal fazer.

> "O trabalho direto com crianças pequenas exige que o professor tenha uma competência polivalente. Ser polivalente significa que ao professor cabe trabalhar com conteúdos de naturezas diversas que abrangem desde cuidados básicos essenciais até conhecimentos específicos provenientes das diversas áreas do conhecimento. Esse caráter polivalente demanda, por sua vez, uma formação bastante ampla do profissional que deve tornar-se, ele também, um aprendiz, refletindo constantemente sobre sua prática, debatendo com seus pares, dialogando com as famílias e a comunidade e buscando informações necessárias para o trabalho que desenvolve. São instrumentos essenciais para a reflexão sobre a prática direta com as crianças, a observação, o registro, o planejamento e a avaliação" (p. 41).

O conteúdo/conhecimento deve ser resgatado como elemento imprescindível da formação e atuação da professora de educação infantil a fim de se garantir o significado desta etapa da Educação Básica como nível de ensino diferenciado que também forma, educa, desenvolve as crianças em seus diferentes aspectos no período pré-escolar.

É imperativo que se perceba o papel do conhecimento na atividade intelectual realizada pela docente e que pode ou não favorecer o desenvolvimento do raciocínio lógico, do pensar crítico na criança também. A preparação e inserção da criança no universo de conhecimento são aqui defendidas enquanto condição essencial para que se possa vislumbrar a intenção de sua formação para a autonomia, criticidade, criatividade, participação num contexto sócio-histórico-político-cultural, sem que se perca, contudo, a dimensão de sua natureza lúdica, simbólica, fantástica, ou seja, sem perder a identidade e a natureza do ser criança.

A falta ou a pouca importância atribuída ao conteúdo/conhecimento no processo formativo define uma situação característica de ausência de elementos constituidores da estrutura do processo de autonomia intelectual, o que significa dizer que se a professora não possui ou não valoriza os elementos substanciais favorecedores do pensar crítico, certamente ela não conseguirá desenvolver esses procedimentos e habilidades em seus alunos.

A mediação das relações entre os atores educativos — professora/alunos, alunos/alunos e outros profissionais/professoras/alunos — faz-se por intermédio do conhecimento a ser vivenciado coletivamente, por meio de metodologia que favoreça o interesse e a necessidade de se buscar cada vez mais o saber, de se inquietar frente às situações novas, inusitadas, frente aos objetos e a tudo e ao todo que se faça presente no contexto de vivência e convivência com o(s) outro(s).

> "... Nesta perspectiva, o professor é o mediador entre as crianças e os objetos de conhecimento, organizando e propiciando espaços e situações de aprendizagem que articulem os recursos e capacidades afetivas, emocionais, sociais e cognitivas de cada criança aos seus conhecimentos prévios e aos conteúdos referentes aos diferentes campos de conhecimento humano. Na instituição de educação infantil o professor constitui-se, portanto, no parceiro mais experiente, por excelência, cuja função é propiciar e garantir um ambiente rico, prazeroso, saudável e não discriminatório de experiências educativas e sociais variadas" (Brasil — MEC/SEF, 1998, p. 30).

Para que o pensar crítico na Educação Infantil seja uma realidade intencionada pedagogicamente pelos profissionais que nela atuam e não uma ficção discursiva, é preciso que recoloquemos o conhecimento, com a sua devida e reconhecida importância, enquanto eixo do processo formativo de tal nível de ensino, caracterizando-o na formação e atuação dos atores educativos envolvidos no processo.

REFERÊNCIAS BIBLIOGRÁFICAS

ANGOTTI, M. *O Trabalho Docente na Pré-Escola*: revisitando teorias, descortinando práticas. São Paulo: Pioneira, 1994.

_____. *Aprendizagem Profissional:* os primeiros passos no magistério pré-escolar. São Carlos, 1998. Tese (Doutoramento em Educação) — CECH — Universidade Federal de São Carlos.

BRASIL. *Lei de Diretrizes e Bases da Educação Nacional.* Lei n.º 9.304/96, de 20 de dezembro de 1996.

_____. Ministério da Educação e Cultura. Secretaria de Educação Fundamental. *Referencial Curricular Nacional para a Educação Infantil.* V. 1, 2 e 3- Brasília: MEC/SEF, 1998.

CUNHA, M. V. da. *John Dewey* — uma filosofia para educadores em sala de aula. Petrópolis: Vozes, 1998.

LIPMAN, M. "A filosofia e o desenvolvimento do raciocínio". *In*: CBFC (coord.) *A comunidade de Investigação e o Raciocínio Crítico.* São Paulo, 1995.

_____."Raciocínio crítico: o que pode ser isso?" *In*: CBFC (coord.) *A Comunidade de Investigação e o Raciocínio Crítico.* São Paulo: 1995.

SHARP, A. M. "Algumas pressuposições da noção 'comunidade de investigação'." *In*: *A comunidade de Investigação e o Raciocínio Crítico.* São Paulo, 1995.

PARTE III

PENSANDO O PENSAR

•

III.1 PENSANDO SOBRE EDUCAÇÃO, ÉTICA E TRANSVERSALIDADE

Eder Alonso Castro

Atualmente, uma das preocupações mais evidentes dos educadores comprometidos com a melhoria da educação e com a transformação da sociedade é a melhoria da qualidade da educação oferecida nos vários âmbitos e instituições escolares. Uma das reivindicações assumidas por esses educadores refere-se à melhoria nas formas de aprendizagem, proporcionando um pensar de qualidade que leve os educandos a uma ação mais justa. Acredita-se que assim formaremos cidadãos mais felizes e, como conseqüência, uma sociedade mais igualitária.

Existem várias propostas educacionais que procuram atender a essas exigências, inclusive os documentos oficiais, a começar pela nova Lei de Diretrizes e Bases da Educação Nacional, Lei n.º 9.394/96, e os documentos elaborados pelo Ministério da Educação e Cultura (MEC) que, nos últimos anos, apontam para a busca de soluções e melhorias da educação nacional. Neste estudo, buscaremos, a partir de uma definição de filosofia, relacionar a proposta de Matthew Lipman *Filosofia para Crianças — Educação para o Pensar,* com o *Referencial Curricular Nacional de Educação Infantil* (RCNEI) e os *Parâmetros Curriculares Nacionais* (PCN), tendo como preocupação central o ensino de ética.

III.1.1 Conceito de filosofia

Ao iniciarmos uma reflexão sobre educação e ética, cabe-nos pontuar o que entendemos por filosofia, pois a educação formal iniciou-se na antigüidade através do ensino da filosofia, e a ética, uma das áreas de investigação própria desse conhecimento, só é alcançada através dessa ciência. Mas, como argumentam Hilton Japiassu e Danilo Marcondes na obra *Dicionário Básico de Filosofia*, fica difícil dar uma definição genérica de filosofia, já que suas definições variam de acordo com cada filósofo, período histórico e corrente filosófica.

O termo filosofia foi criado por Pitágoras de Samos, filósofo grego que viveu no século V a.C. e que definiu o filósofo como o amante da sabedoria, aquele que tem amizade pelo saber e que busca a sabedoria.

> "...No entanto, no desenvolvimento da tradição filosófica, o termo 'filosofia' foi freqüentemente usado para designar a totalidade do saber, a ciência em geral, sendo a metafísica a ciência dos primeiros princípios, estabelecendo os fundamentos dos demais saberes.(...) O Pensamento moderno recupera o sentido da filosofia como investigação dos primeiros princípios, portanto como tendo um papel de fundamentação da ciência e de justificação da ação humana. (...) Na filosofia contemporânea, encontramos assim, ainda que em diferentes correntes e perspectivas, um sentido de filosofia como investigação crítica, situando-se portanto em nível essencialmente distinto do da ciência, embora inteiramente relacionado a esta, já que descobertas científicas freqüentemente suscitam questões filosóficas e reflexões filosóficas freqüentemente problematizam teorias científicas" (JAPIASSU, H. & MARCONDES, D. 1991).

Um exercício interessante seria buscar nos filósofos, desde a Antigüidade, as várias definições adotadas para o termo, mas para nós não vem ao caso. A preocupação maior será apontar definições que mais se aproximam do nosso conceito. Uma delas, que poderíamos chamar de universal, é que a filosofia se opõe ao pensamento do senso comum, ou seja, filosofar é uma forma mais elaborada de pensar sobre questões relativas ao mundo ou à natureza. Não é um pensar qualquer, sem busca de razões ou argumentos válidos que o reforçam, como é o caso do senso comum, a filosofia é entendida, então, como a primeira forma de fazer científico.

Num conceito geral, ainda, Jacqueline Russ define Filosofia Geral como:

"Disciplina que trata dos problemas relativos à natureza do conhecimento, a Deus, ao Espírito, etc. Termo que se tornou quase um sinônimo de metafísica" (RUSS, J. 1994).

Esse aspecto metafísico é muito criticado por alguns pensadores, mas defendido por outros. Em nosso estudo, discordando do conceito generalizado de Russ, preferimos adotar a postura de que a filosofia procura responder àquelas questões que não têm uma única resposta, enquanto a ciência busca respostas àquelas que, de alguma forma, podem ser respondidas empiricamente.

Dentre outras leituras, foi no verbete de Abbagnano que encontramos as fundamentações mais completas para nossa definição, onde a filosofia aparece como o uso do saber em proveito do homem. Assim, a filosofia é entendida como fazer e saber utilizar o que é feito, implicando na aquisição de um conhecimento que seja o mais válido e amplo possível, podendo ser usado em benefício do homem.

O autor argumenta que existem três concepções fundamentais de filosofia: a metafísica, a positiva e a crítica. A primeira dominou toda Antigüidade e Idade Média, nega qualquer possibilidade de investigação autônoma que não seja a filosofia. A segunda identificava a filosofia com o conhecimento científico, assumindo a função de reunir e coordenar os resultados das ciências específicas. Este é um conceito que ainda permanece na filosofia contemporânea, desde as últimas décadas do século XIX e as primeiras do século XX, e é usado pelos positivistas e espiritualistas. A terceira, assumindo uma postura crítica, não concebe a filosofia como conhecimento, atribuindo-lhe a tarefa de:

"(...) verificar a validade do saber, determinando seus limites e condições, suas possibilidades efetivas.(...) Portanto, a metodologia pode ser considerada a última encarnação da filosofia como crítica do saber. Como parte da metodologia, ou como restrição de seu objetivo, pode-se entender a definição de filosofia como 'análise da linguagem', proposta pela primeira vez por Wittgenstein em tractatus Lógico-philosóficus (1922)..." (ABBAGNANO, N. 1998. p. 448).

Nessa concepção crítica, a filosofia passa a assumir uma tarefa de aclaradora de proposições, delimitando com precisão as idéias confusas. Assume, assim, um papel metodológico de análise no lugar de fundamentação do discurso.

Num outro momento, Abbagnano procura definir a filosofia apontando para o alvo ao qual ela se direciona, mostrando uma postura durante toda a história ocidental, a contemplativa e outra que ganha corpo na modernidade, a transformadora. Interessa-nos apresentar alguns adeptos da postura transformadora, pois neles encontramos respaldo para o nosso trabalho. Um deles é Peirce, que negava o pressuposto da filosofia como contemplação, afirmando que a regularidade e a ordem dos acontecimentos nada têm a ver com a necessidade.

> "... Peirce, afirmava que toda função do pensamento é produzir hábitos de ação (ou crenças) e que, portanto, o significado de um conceito consiste exclusivamente na possibilidade de ação que ele define..." (ABBAGNANO, N. 1998, p. 453).

Outro pensador apresentado nesta concepção é Dewey, que define filosofia como "crítica dos valores", apoiando-se em Peirce.

> "...Segundo Dewey, a tarefa da filosofia é a antiga, que está inscrita no próprio significado etimológico da palavra: procura da sabedoria, em que sabedoria difere de conhecimento por ser 'a ampliação daquilo que é conhecido pela conduta inteligente das ações da vida humana'..." (ABBAGNANO, N. 1998, p. 453).

Essa postura assumida pelos pragmatistas, na qual a filosofia é uma organização sistemática que compreende as crenças ou normas de comportamentos, pode ser aqui entendida como alvo a ser atingido pelo ato de filosofar, estando cientes de que essa ação não nos remeta às respostas definitivas. Dewey chama ainda a filosofia de *"crítica das críticas"*, que enfoca a importância do conhecimento adquirido na experiência que revivificada pelo pensamento visa buscar uma prova, na qual entram as experiências externas e internas do homem formulando a conduta de uma vida inteligente.

> "...Finalmente, podemos inserir nesse mesmo panorama a filosofia considerada como análise da linguagem, que discerne nesta o fato intersubjetivo fundamental e, portanto, na aclaração e na reificação da linguagem o instrumento mais apto a eliminar equívocos e a reificar relações intersubjetivas..." (ABBAGNANO, N. 1998, p. 457).

Não queremos nos arriscar a tornar a filosofia uma terapia, mas entendemos que o filosofar, enquanto ato inteligente, pode ser alcançado por seres humanos que se proponham a tal, basta que para isso se crie um ambiente propício de investigação conjunta. Essa é a proposta de Matthew Lipman ao organizar o programa educacional utilizando temas de filosofia que podem ser trabalhados com crianças e adolescentes, como veremos com maiores detalhes a seguir.

III.1.2 Matthew Lipman e a educação para o pensar

O *Programa de Filosofia para Crianças — Educação para o Pensar* foi criado pelo professor Matthew Lipman no final dos anos 60 em New Jersey, Estados Unidos. Nasceu do incômodo que esse professor de filosofia e lógica dos cursos de graduação sentia ao receber seus alunos no primeiro ano do curso universitário, estudantes que passaram por aproximadamente onze anos de escolaridade, que ainda apresentavam grandes dificuldades na elaboração de raciocínios.

Inconformado com essa situação, Lipman buscou compreender, através de uma pesquisa, em que fase da educação escolar estaria o problema. A partir dos resultados obtidos percebeu que, nos primeiros anos da vida escolar, pré-escola e primeira série, existia um empenho por parte dos educadores no trabalho com as habilidades cognitivas[1] que, gradativamente, passaram a ser substituídas pelos conteúdos escolares. A justificativa encontrada para essa atitude foi que, uma vez aprendidas, essas habilidades passam a fazer parte da vida dos alunos e não necessitariam mais estar sendo instigadas. Discordando dessa justificativa, Lipman criou uma metodologia de ensino com objetivo de suprir o que ele apontava como deficiência. Essa proposta metodológica, a que se deu o nome de *Filosofia para Crianças — Educação para o Pensar*, é composta por histórias, novelas filosóficas direcionadas às várias faixas etárias da educação básica que devem ser executadas através de uma metodologia baseada na investigação comunitária, através do diálogo investigativo envolvendo temas clássicos da filosofia.

Lipman argumenta que optou por escrever seus textos para crianças em forma de novelas porque esse tipo de literatura favorece uma divisão maior dos

---

1. Habilidades cognitivas ou habilidades de pensamento referem-se a condições que, quando desenvolvidas adequadamente, auxiliam as pessoas a pensar bem. São várias as habilidades e Lipman explica que elas ocorrem sempre interligadas. Ele as reúne em quatro grandes grupos de habilidades: de investigação, de formação de conceitos, de raciocínio e de interpretação ou tradução.

assuntos em capítulos e episódios com pequenas partes que podem ser discutidas e exploradas gradativamente, assunto por assunto. Isso favorece a colocação do que ele chama de "iscas filosóficas"[2] e se relaciona diretamente com o modo de estudar as novelas.

As histórias de Lipman procuram ser um retrato da vida comum, apontando alguns modelos ideais de investigação comunitária. Seus personagens são, na maioria, crianças e adolescentes com idades e interesses semelhantes aos da faixa etária a que as novelas estão destinadas. Apresentaremos aqui as novelas que foram traduzidas para o português na ordem em que foram criadas na língua de origem.

A primeira tem como título original *Harry Stottiemeiers Discovery*, traduzida no Brasil como *A descoberta de Ari dos Telles*, e o seu foco principal é o raciocínio lógico e está direcionada para a fase escolar que Lipman detectou como mais crítica no tratamento com as habilidades cognitivas, 5.ª e 6.ª séries do Ensino Fundamental. Essa novela tem como personagem principal um garoto de nome Ari, que está sempre intrigado, tentando encontrar, juntamente com seus colegas de classe, uma boa razão para as coisas que acontecem ao seu redor. Apresenta um modelo de educação escolar não autoritária, onde, através do diálogo aluno-aluno, alunos-professores, os alunos descobrem os princípios da lógica. A preocupação central do autor é apresentar a lógica formal como uma maneira de solucionar problemas. Além disso, encoraja o desenvolvimento de modelos alternativos de pensar e imaginar. Nessa perspectiva, envolve vários outros temas como verdade, justiça, liberdade, realidade, felicidade, pensar, etc.

Ao iniciar essa prática metodológica com os adolescentes, Lipman e seus colaboradores, com destaque para a professora Ann Margareth Sharp, admitem a necessidade de os alunos estarem mais bem preparados nas questões de linguagem para poderem discutir os problemas de lógica. Assim, cria a segunda novela, cujo nome original *Pixie* foi traduzido para o português como *Pimpa*. Aborda questões referentes à linguagem, trabalhando desde as ambigüidades até as relações de semelhanças, similaridades, analogias e metáforas. Não existe a preocupação de seqüenciar as idéias filosóficas contidas

---

2. Iscas Filosóficas são os temas de filosofia que aparecem espalhados de forma bem discreta no meio dos diálogos apresentados. Exemplo: em Issao e Guga, numa conversa entre a filha e a mãe, aparece uma fala "*todos os pais dizem a verdade para seus filhos?*". Aí está um tema filosófico, "verdade", colocado no meio de uma conversa e que leva as crianças a discutir o que é a verdade, se ela existe, onde podemos constatá-la, etc.

nessa novela como aparência e realidade, unidade e diversidade, semelhanças e diferenças que serão aprofundadas de acordo com a maturidade das crianças que a estão vivenciando. É uma novela destinada às 3.ª e 4.ª séries do Ensino Fundamental e tem como protagonista uma garota muito esperta e curiosa que o tempo todo se preocupa como traduzimos a realidade para esse universo simbólico que é a linguagem. Proporciona, também, a investigação de temas como: justiça, direitos, deveres, necessidade ou não de regras de conduta, mistérios, histórias reais e de fantasias, entre outros.

Como terceira novela é criada *Kio and Gus*, que em português ficou traduzida como *Issao e Guga*, destinada aos alunos de 1.ª e 2.ª séries do Ensino Fundamental. O foco é a relação homem/mundo, apontando as diferentes formas de apreensão e compreensão do mundo através do conhecimento. Apresenta como personagens principais duas crianças que estão numa fazenda passando as férias e se reconhecendo como parte deste mundo cheio de histórias e encantamentos. O grande interesse dos personagens pelos animais, espaço e outros aspectos da natureza torna o texto uma introdução ideal ao estudo das ciências. Desenvolver habilidades de pensar sem conteúdo é esforço inútil. Assim, as instruções para aplicação dessa novela estão dirigidas, num primeiro momento, para desenvolver habilidades aplicadas a temas filosóficos e, num segundo, a temas científicos. Uma das coisas intrigantes da história é que Guga é deficiente visual e, por isso, consegue ver as coisas de uma forma tão especial, provocando nos alunos uma discussão sobre como se conhece, o que é possível conhecer, o que é realidade, qual a diferença entre o homem e os outros animais, se existe relação entre percepção e conhecimento e qual a melhor forma de conhecer.

Com as novelas apresentadas anteriormente, Lipman fecha o ciclo da 1.ª à 6.ª série do Ensino Fundamental, criando a seguir *Lisa: ethical inquiry*, traduzido como *Luisa*, que aborda questões ligadas ao comportamento humano, tema bastante inquietante para a faixa etária a que se destina, 7.ª e 8.ª séries do Ensino Fundamental. É uma espécie de continuação da novela *A Descoberta de Ari dos Telles*, em que o mesmo grupo de adolescentes vai buscar explicações lógicas para compreender os comportamentos adotados pela sociedade como certos ou errados. Este texto aponta várias contradições entre o pensar e o agir, confronta a moral com sua forma específica de investigação, a ética e caracteriza o pensar bem como uma forma primordial para o agir bem. Seu objetivo é incentivar a reflexão sobre os valores morais. Problematiza conceitos básicos sobre bem, justiça, direitos, etc., e os pré-requisitos do bem pensar que fortalecem a investigação ética, por exemplo, a coerência, a verdade e as relações lógicas. Incentiva o pensar autônomo sobre as questões éticas que nos envolvem no cotidiano.

> "... A Ética é um ramo da filosofia que busca entender a conduta moral. Representa uma investigação objetiva e imparcial de problemas e situações morais" (LIPMAN, M. 1995, p. 1).

Embora Lipman tenha escrito outras novelas filosóficas, elas não foram adaptadas para nossa língua. Como não farão parte de nosso objeto de estudo, não discorreremos sobre elas aqui.

Para auxiliar o trabalho do professor na discussão dos temas e no trabalho com as habilidades cognitivas, foram criados, por Lipman e seus colaboradores, os manuais do professor que acompanham cada uma das novelas e oferecem exercícios, planos de discussão e atividades que auxiliam o professor na exploração dos debates, enriquecendo as discussões em sala de aula. Em cada tipo de atividade proposta nos manuais, encontramos uma introdução que localiza, no episódio da novela, aquela idéia que está sendo trabalhada, orientando o professor na fundamentação da mesma. Esses manuais funcionam como uma espécie de conteúdo teórico-prático que dá sustentação para que o diálogo investigativo aconteça.

Muito mais do que um sistema filosófico original, Lipman preocupou-se em criar uma metodologia educacional através do uso de temas filosóficos. Para que isso se realize, se faz necessário o uso correto da metodologia. As aulas de filosofia com crianças propostas por Lipman diferenciam-se dos modelos escolares tradicionais. Os textos são lidos em sala de aula pelos próprios alunos que, a partir do contato com o texto, formulam questões sobre assuntos que lhes pareçam importantes para discussão. As questões são a forma encontrada de trazer para a discussão os temas relevantes para os alunos. A novela funciona como um pretexto para que o diálogo se estabeleça no grupo ao mesmo tempo que proporciona uma certa seqüência de assuntos a serem discutidos. Em seguida, o professor coordena o agrupamento e seriação das questões para que o grupo possa discuti-las na ordem que melhor lhe convier. Nessa prática inicial já se encontram os exercícios com as habilidades de questionar, agrupar, classificar e seriar, habilidades pouquíssimo trabalhadas pela escola tradicional.

Essa proposta metodológica proporciona uma mudança de postura na relação ensino/aprendizagem, transformando a sala de aula em um ambiente de pesquisa comunitária, onde seus integrantes vão se desdobrar na busca da formação de idéias conjuntamente, na procura de argumentos convincentes e na construção de conhecimentos que respondam aos seus interesses. O diálogo é o instrumento primordial para intermediar essa busca conjunta, e o papel do professor é o de "orquestrar" a discussão como mais um participante da comunidade de investigação.[3]

Diante dessa explanação, percebemos que Lipman tem uma preocupação ética quando elabora sua proposta educacional, partindo do princípio de que o pensar bem pode direcionar uma ação melhor. Isso não garante que quem pensa bem age melhor, mas quem pensa bem tem a possibilidade de refletir melhor as questões ligadas à ação e ao comportamento dos homens em sociedade.

A metodologia desenvolvida por Matthew Lipman apresenta um modelo de educação ética pautada na racionalidade e entendida por alguns teóricos como forma de traduzir didaticamente Sócrates para crianças. Sua preocupação está em utilizar a filosofia como proposta educacional para se trabalhar com as crianças uma concepção da sociedade na qual elas estão imersas.

A racionalidade na esfera dos acontecimentos humanos foi justificada, desde os primórdios da filosofia, como uma forma de inventar critérios universalizantes para averiguar o grau de certeza de nossas crenças e a correção das normas do agir. Sabemos que Sócrates, um dos primeiros educadores que se apresentam na história ocidental, coloca como principal questão a possibilidade de se ensinar tanto as virtudes morais, preocupadas com a boa conduta que promove a vida feliz, quanto as virtudes políticas, preocupadas com a dignidade humana e a justiça nas relações de poder. Para ele, como Platão relata em seus diálogos, é possível ensinar a virtude desde que sejamos capazes de ensinar o conhecimento verdadeiro.

Fica entendido que o pensamento racional nasce estreitamente comprometido, de um lado, com o crescimento ético da humanidade e, de outro, com a educação moral, entendida como meio de promoção desse crescimento ético. Assim, a necessidade do conhecimento e do crescimento científico se dá como um recurso para o cumprimento dessa finalidade e não como um fim em si mesmo como na modernidade veio a configurar-se. Hoje vivemos rodeados pela tecnologia e presenciamos, ainda, problemas básicos na humanidade

---

3. Comunidade de investigação é o coração da proposta de Educação para o Pensar de Lipman. A discussão aguça o raciocínio e as habilidades de investigação das crianças como nenhuma outra coisa pode fazer. Para a criança, o diálogo é um jogo e, por isso, provoca situações de desafio, tornando-a competente neste jogo. Com essa prática, o programa de Lipman prepara pessoas para uma convivência social baseada na racionalidade, no respeito ao outro e, conseqüentemente, na democracia.

a que a ciência não consegue apontar soluções. Enfim, vivemos em uma sociedade que busca caminhos éticos para encontrar formas de sobreviver, clama por ética na política, nas ciências, nas relações com outras culturas e, conseqüentemente, nas relações humanas.

Lipman entende a ética como estudo, investigação ou teoria moral que deve ser investigada por alunos dos vários níveis escolares, sendo assim crucial para a educação dos valores, daí a sua importância no processo da educação moral. Mesmo que o pensar bem não garanta a melhor ação, garante, com certeza, melhor reflexão ética, a qual, embora seja compreendida como teoria da moral, tem como pressuposto uma prática. O homem, entre outras características, é um animal ético que no seu cotidiano escolhe e elabora critérios para conduzir suas ações.

> "E, se queremos cidadãos adultos que sejam racionais no que diz respeito a valores, devemos introduzir as crianças em investigação de valores, de modo que possam descobrir por si mesmas que o que é genuinamente valoroso não é objeto de qualquer desejo, frívolo ou imaturo, mas é aquilo cuja alegação para que seja um valor é apoiado na reflexão e investigação" (LIPMAN, M. 1990, p. 89).

Percebemos a investigação ética como um dos componentes primordiais, preconizados por Lipman em seu programa de Filosofia para Crianças. Devemos acrescentar que ele inclui, também, a necessidade de alunos e professores investigarem condutas que as sociedades valorizam como boas em questão moral. Isso tudo feito de forma a instrumentalizar as crianças e jovens com ferramentas necessárias para avaliarem as expectativas sociais de maneira crítica. Parece-nos, aqui, que Lipman apresenta a necessidade de discussão dos critérios éticos, sem negar os valores morais de cada grupo social.

Fica difícil no estudo sobre a teoria deste autor conseguir separar a metodologia desenvolvida por ele do conteúdo existente em suas novelas filosóficas. Sua proposta pauta-se por um conjunto de procedimentos conceituais que se efetivam na comunidade de investigação. É uma metodologia do conflito que admite teorias contraditórias, pois atua a partir de critérios discursivos na busca da produção da razoabilidade. Ser razoável não se reduz a ser racional, é preciso acrescentar a isso os sentimentos, o bom senso e a necessidade de ajuste às situações. Assim, a ética apontada por Lipman não é uma doutrina com princípios de ação, mas um método que estabelece formas de buscar critérios de ação para cada situação concreta. É uma filosofia crítica que se utiliza de critérios, e não dos princípios ou regras rígidas.

Através dessa perspectiva filosófico-educacional é que abordaremos a proposta de ensino de ética contida nos Referenciais e Parâmetros Curriculares propostos pelo Ministério da Educação.

III.1.3 Referencial curricular nacional de educação infantil

A partir do ano de 1997, no processo de implantação da nova Lei de Diretrizes e Bases da Educação Nacional, Lei Federal n.º 9.394 de 20/12/96, o MEC se propôs a direcionar parâmetros mínimos para uma educação de qualidade. Na Educação Básica, elaborou parâmetros em três níveis:
- Educação Infantil (de 0 a 6 anos) — Referencial Curricular Nacional de Educação Infantil (RCNEI).
- Ensino Fundamental — Parâmetros Curriculares Nacionais (PCNs) divididos em dois ciclos, um de 1.ª a 4.ª série e outro de 5.ª a 8.ª.
- Ensino Médio — Parâmetros Curriculares Nacionais (PCNEM) divididos por áreas de estudo — Ciências humanas, naturais e linguagens.

Interessa-nos aqui apreciar os dois primeiros — RCNEI e PCNs —, abordando questões ligadas ao ensino de ética.

Em relação à Educação Infantil, é importante lembrar que pela primeira vez, em nosso país, a educação infantil foi considerada, na lei, como educação formal que se desenvolve por meio do ensino em instituições próprias. Até então, essas escolas eram tidas como locais de recreação, "parques", creches, ou "depósito" de crianças, as quais os pais não tinham onde deixar durante seu período de trabalho e por isso necessitavam de um local em que elas permanecessem.

Assim, foram surgindo várias creches e "escolinhas" de recreação infantil, em sua maioria sem as mínimas condições de instalação física, isso sem falar na pouca preparação das pessoas que ficam com as crianças. Para criar uma escola de recreação infantil usava-se o mesmo procedimento de abertura de uma empresa qualquer, bastava ter um local, geralmente uma casa adaptada e a assinatura de uma pessoa formada em Pedagogia.

Com as mudanças provocadas pela nova lei, as creches mantidas pelas prefeituras que, geralmente, eram de responsabilidade da Secretaria do Bem-

Estar e Assistência Social, passaram a compor o quadro das Secretarias de Educação. Hoje, os municípios passam por esse processo de adaptação, que é complexo e problemático, mas que já começa a constatar a dificuldade de se chegar a uma educação de qualidade com a realidade que se tem instalada. As escolas de recreação, de propriedade privada, passaram também a ser supervisionadas pela Secretaria Municipal de Educação que começou a exigir como condições mínimas para o funcionamento a adaptação adequada do espaço físico e um plano de trabalho, com objetivos e propostas de ação claras. Temos consciência de que essas mudanças serão lentas e gradativas, mas o fato de estarem legalizadas é um ganho, pois nos dá o direito de exigir que se tornem realidade.

> "A educação infantil, primeira etapa da educação básica, tem como finalidade o desenvolvimento integral da criança até seis anos de idade, em seus aspectos físico, psicológico, intelectual e social, complementando a ação da família e da comunidade" (Lei de Diretrizes e Bases da Educação Nacional, n.º 9.394, 1996).

Com o intuito de se efetivarem as diretrizes apontadas pela Lei, o MEC, através de seus consultores, elaborou o Referencial Curricular Nacional de Educação Infantil (RCNEI), que não deve ser entendido como plano de ação para secretarias municipais ou escolas da educação infantil, mas como parâmetros mínimos para se concretizar o desenvolvimento integral das crianças, conforme aponta a lei.

Uma das partes do RCNEI, especificamente o volume 2, enfoca a formação pessoal e social da criança, apontando a autonomia como ponto de partida na formação infantil que deve ser feita através da integração do brincar, cuidar e aprender, com o objetivo de formar uma criança autônoma.

Educar para a autonomia deve ser compreendido como capacitar a criança a fim de que ela possa se conduzir e tomar decisões por si só, levando em conta regras, valores e respeito a si e ao outro. Os educadores infantis devem, então, proporcionar às crianças, desde muito cedo, ambientes e situações em que ela possa conquistar, aos poucos, sua autonomia, tomando decisões, percebendo limitações na relação com o mundo e com o outro e assumindo, dessa forma, as responsabilidades sobre seus atos. Por meio dos primeiros cuidados, a criança já percebe seu próprio corpo como separado do corpo do outro, organiza suas emoções e amplia seus conhecimentos sobre o mundo. O outro é, assim, elemento fundamental para o conhecimento de si.

A maneira como cada um vê a si próprio depende do modo como é visto pelos outros. O modo como os traços particulares de cada criança são recebidos pelo educador e pelo grupo em que se insere tem um grande impacto na formação de sua personalidade e auto-estima, já que sua identidade está em construção.

O ser humano é um dos animais menos capacitados para a sobrevivência fora do coletivo nos seus primeiros anos de vida. A criança, pela sua própria condição humana, é dependente física e moralmente do grupo ao qual está inserida. Fazer a passagem da heteronomia para a autonomia supõe recursos internos, externos e culturais. Os internos estão ligados à afetividade e à capacidade cognitiva, os externos, com os sociais, pois vivemos num grupo social e fomos formados a partir dele, e os culturais nos remetem aos hábitos e costumes próprios da nossa cultura. No que se refere às regras sociais, as condições são piores ainda, pois a criança vê o mundo como algo feito pelo adulto e sobre o qual só ele tem domínio.

Não se vendo como dona das regras, a criança automaticamente não se sente responsável por elas. Para que possam aprender a gerenciar suas ações e julgamentos conforme princípios outros que não o da simples obediência e para que possam ter noção da importância da reciprocidade e da cooperação numa sociedade que se propõe a atender o bem comum, é preciso que as crianças exercitem o autogoverno, usufruindo de gradativa independência para agir, tendo condições de escolher e tomar decisões, participando do estabelecimento de regras e sanções.

A capacidade das crianças de terem confiança em si próprias e o fato de se sentirem aceitas, ouvidas, cuidadas e amadas oferecem segurança para a formação pessoal e social. A instituição de educação infantil é um dos seus espaços de inserção nas relações éticas e morais que permeiam a sociedade na qual estão inseridas. Na perspectiva de uma moral autônoma, a maturidade da criança lhe permite, de acordo com cada faixa etária, compreender que as regras são passíveis de discussão e reformulação, desde que haja acordo entre os elementos do grupo. Isso é o que favorece o surgimento de uma reflexão ética sobre os valores e a necessidade das regras para a sobrevivência do grupo social.

Toda essa proposta de formação ética, muito bem elaborada na estrutura do RCNEI, precisa, em primeiro lugar, ser compreendida pelos educadores. As crianças aprendem com os outros através dos vínculos que estabelece, e a imitação é uma forma privilegiada de comunicação. Se os seus "professores" não forem exemplos dessa forma de conduta, ficará muito difícil para que elas compreendam como é agir assim. Não é o discurso, o falar como deve ser feito que educa, mas os atos, os exemplos vivenciados pelas crianças que as farão mais autônomas.

Além dos exemplos, uma outra conduta que vai favorecer a busca da sua independência é a prática do diálogo. As conversas, os debates, as investigações conjuntas favorecem a compreensão da realidade. As brincadeiras são instrumentos imprescindíveis para que, nessa faixa etária, a criança use a fantasia e a imaginação como elementos fundamentais para aprender mais sobre seu eu, o outro e o mundo.

A relação de cuidar, portanto, deve ser estabelecida entre as crianças e os educadores na educação infantil, necessitando estar recheada de instrumentos para proporcionar-lhes uma ação mais livre e autônoma. Isso não é diferente do que está estabelecido nos PCNs, como veremos no item a seguir.

III.1.4 Parâmetros Curriculares Nacionais

Os PCNs chegaram às escolas de Ensino Fundamental e, desde 1998, estão sendo discutidos em algumas instâncias com supervisores de ensino, diretores de escolas, coordenadores e professores, para que, o mais rápido possível, sejam ajustados às realidades escolares. Apresentam a educação dentro de uma perspectiva da cidadania, propondo, para todas as crianças, participação na totalidade dos recursos culturais.

> "Os Parâmetros Curriculares Nacionais constituem um referencial de qualidade para a educação no Ensino Fundamental em todo país. Sua função é orientar e garantir a coerência dos investimentos no sistema educacional, socializando discussões, pesquisas e recomendações, subsidiando a participação de técnicos e professores brasileiros..." (Brasil. SEF. Parâmetros Curriculares Nacionais — Introdução. 1997, p. 13).

Para tanto, apresentam diretrizes para o ensino de cada uma das disciplinas ou áreas que compõem o currículo das escolas de Ensino Fundamental. Além da apresentação de conteúdos mínimos para os componentes curriculares, apresentam, como novidade, os chamados "Temas Transversais".

> "Por tratarem de questões sociais, os Temas Transversais têm natureza diferente das áreas convencionais. Sua complexidade faz com que nenhuma das áreas, isoladamente, seja suficiente para abordá-los. Ao contrário, a pro-

blemática dos Temas Transversais atravessa os diferentes campos do conhecimento.(...) Diante disso optou-se por integrá-las no currículo através do que se chama transversalidade: pretende-se que esses temas integrem as áreas convencionais de forma a estarem presentes em todas elas, relacionando-as às questões da atualidade" (Brasil. SEF. Parâmetros Curriculares Nacionais — Apresentação dos Temas Transversais e Ética. 1997, p. 36).

Esses temas pretendem ser o fio de ligação entre as áreas de conhecimento, introduzindo em cada uma delas questões que giram em torno da Ética, Pluralidade Cultural, Meio Ambiente, Saúde, Orientação Sexual e temas locais. Nosso interesse neste estudo, como já esclarecemos, se dá em particular quanto ao tema Ética.

Através da leitura dos Parâmetros Curriculares Nacionais, fica claro que a proposta do MEC, hoje, é bastante diversa daquela da ditadura militar. Parece existir uma preocupação com a investigação ética e não a imposição de uma moral essencialista, como ainda acontece nas aulas de Educação Moral ou de Ensino Religioso de muitas escolas.

A palavra moral muitas vezes é associada à ética, mas ambas têm significados diferentes. Moral está ligada às regras de determinadas sociedades ou grupos e também, no seu sentido pejorativo, ao moralismo, discurso que supervaloriza as regras sociais em nome da moral e dos bons costumes. O núcleo moral de uma sociedade são os valores eleitos como necessários ao convívio entre os membros da mesma que estão impregnados na convivência do grupo social. Na maioria das vezes, não estão escritos em leis ou preceitos, mas difundidos nos hábitos e costumes das pessoas que ali vivem.

Ética, por sua vez, significa um conjunto de princípios descritivos sobre formas ideais de comportamentos humanos. Ela trata de princípios ou critérios de valoração e não tem as respostas predefinidas, é um eterno pensar, refletir e construir autonomamente sobre a ação dos homens em sociedade. O objeto de estudo da ética é a moral ou os valores existentes nos variados grupos e culturas.

O senso moral, que são as regras sociais que introjetamos, é formado através da educação que recebemos desde os primeiros momentos de nossas vidas, porém, para que um indivíduo legitime um determinado conjunto de regras, torna-se necessário que as veja como traduzindo algo de bom para si, ao seu bem-estar psicológico e para seu "projeto de felicidade". Esses "projetos" variam de pessoa para pessoa, mas todos conduzem ao auto-respeito, estar de bem consigo mesmo. Todos eles têm inclinação a legitimar os valores e normas que permitam o êxito e não os que representam obstáculo na realização de seus ideais. A realização do projeto de vida de forma puramente egoísta — valorização do sucesso profissional, status social elevado, beleza física, fama, etc. — geralmente vem acompanhada pela perda do respeito próprio, pois para conseguir isso necessita negar as regras morais.

A escola deve ser o lugar, afirma o texto dos PCNs, onde o aluno encontre possibilidade de se instrumentalizar, através da reflexão, para realização de seus projetos. O convívio dentro da escola deve ser organizado, de maneira que os conceitos de justiça, respeito e solidariedade sejam vivificados e compreendidos pelos alunos como aliados à perspectiva de uma "vida boa".

Não existe legitimação das regras sem a racionalidade, sem o juízo e a reflexão sobre os valores e regras, eles perdem sua razão de ser. A moral pressupõe a responsabilidade, e esta, a liberdade e o juízo. Agir segundo critérios e regras morais implica fazer escolhas. A racionalidade e o juízo também comparecem no processo de legitimação das regras, as quais dificilmente serão legítimas se forem contraditórias ou ilógicas.

As bases de fundamentação, tanto da nova LDB quanto dos PCNs, são a formação de cidadãos autônomos para o exercício da democracia. A capacidade de diálogo é um dos aspectos essenciais à convivência democrática que significa resolver conflitos por meio da palavra, da comunicação e do diálogo. Argumentar e negociar pontos de vista depende do pleno exercício da inteligência. A escola deve ser o lugar onde os valores morais são pensados e refletidos, no entanto, para isso os alunos necessitam desenvolver a arte do diálogo.

Tanto a afetividade como a racionalidade se desenvolvem a partir das interações sociais, e com elas, o senso moral. A heteronomia, como já dissemos anteriormente, começa por volta dos três aos quatro anos, quando a criança ainda não procura o valor intrínseco das regras, para ela basta saber que quem as dita é uma pessoa "poderosa". A validade das regras é exterior a elas e está associada à fonte de onde provêm. Quando age, julga seus atos não pela intencionalidade, mas pelas conseqüências que eles tiveram. Interpreta as regras ao pé da letra e não no seu espírito, ou seja, naquilo que ela quer representar, fazendo com que a regra se sobreponha à realidade. Sabe a regra, conhece as melhores regras de um comportamento desejado, mas não se comporta de acordo com ela por não entender as razões da existência da mesma. Não reconhece a si mesma como pessoa e sente-se incapaz de fazer novas regras.

A partir dos oito anos, em média, a criança já tem condições de começar a julgar os atos levando em conta a intencionalidade que os motivou, pode se conhecer como tendo legitimidade para construir novas regras e colocá-las à apreciação de seus pares. Em linhas gerais, pode-se dizer que entre oito e doze anos o respeito próprio se traduz em pequenas realizações concretas. Se essas crianças foram estimuladas desde a infância, elas chegam, neste momento, à autonomia. Conseguem se assumir como pessoas e automaticamente se responsabilizar por seus atos.

Se o objetivo é formar um indivíduo respeitoso das diferenças entre as pessoas, alguém que procure resolver conflitos pelo diálogo, um indivíduo que se solidarize com os outros, democrático e com respeito próprio, é preciso que a escola forneça o ambiente onde essas práticas possam ser treinadas.

O que está proposto nos PCNs é educação ética e não moral. Embora as duas estejam inter-relacionadas, é possível diferenciá-las. A primeira é uma reflexão racional, elaborada e, conseqüentemente, crítica sobre a segunda. Poderíamos ainda dizer que a educação moral é aquela feita no senso moral, enquanto a educação ética seria a tomada de consciência do senso moral. Tomar consciência requer auto-reflexão crítica sobre seus valores e suas ações.

III.1.5 Considerações finais

Ao saber que os Parâmetros Curriculares estariam propondo o ensino de ética, fiquei bastante curioso. A curiosidade surgiu porque durante os anos em que cursei o 1.º Grau (atual Ensino Fundamental) tive como componente curricular Educação Moral e Cívica (EMC), componente imposto a partir da Lei n.º 5.692/71 que, além de representar a implantação do tecnicismo, propunha também uma doutrinação para a passividade. Na escola, juntamente com os outros componentes do currículo, a EMC tinha como missão reforçar as obrigações morais como o patriotismo e as virtudes humanas (amor, lealdade, amizade, obediência, paciência, etc.) como forma de ratificação da ordem sob o domínio do governo militar, com base em uma moral exclusivamente essencialista.[4]

Hoje, temos nas escolas professores que, em sua maioria, conheceram esse tipo de educação moral, na condição de aluno ou ainda como professor.

---

4. Conforme J. MO SUNG e J. C. da SILVA, 1995. p. 43. A moral essencialista é própria das sociedades tradicionais, onde a força dos costumes desempenha um papel fundamental na manutenção da ordem social. O cumprimento das regras é assegurado por pressão, sob pena de castigo ou punição que vai desde a exclusão do grupo social até a morte, dependendo da gravidade da falta.

Quando se fala em Ética, nos ambientes escolares, é muito comum vir à tona o sentido de Educação Moral descrito acima.

> "A ética parte do fato da existência da história da moral, isto é, toma como ponto de partida a diversidade de morais no tempo, com seus respectivos valores, princípios e normas. Como teoria não se identifica com os princípios e normas de nenhuma moral em particular e tampouco pode adotar uma atitude indiferente ou eclética diante delas. Juntamente com a explicação de suas diferenças, deve investigar o princípio que permita compreendê-las no seu movimento e no seu desenvolvimento" (VÁZQUEZ, A. 1995, p. 11).

Diante de tudo O que foi apresentado, surgem questões do tipo: Que formação de professores pode garantir um preparo para discussão de questões éticas? É possível qualquer professor tratar de ética? E para complicar um pouquinho mais: a escola oferece condições mínimas para uma vivência ética?

Como professor, temos consciência de que não podemos esperar que as mudanças ocorram de cima para baixo. Sabemos que nosso papel é provocar situações para que esse ambiente se transforme em realidade, mas, ao mesmo tempo, não podemos ficar sonhando, esquecendo das realidades de sala de aula.

São muitos aspectos que estão em jogo, a começar pela própria condição social em que vive a maioria da população. Será que todos os nossos alunos conseguem ter projeto de vida? Aqueles que não sabem se terão comida daqui a algumas horas são capazes de planejar a longo prazo? E aqueles que pretendem nos provar que, dentro de sua realidade, estar do lado do crime é a única forma de sobreviver ou de se fazer respeitado e até de ser reconhecido como poderoso? Isso, na maioria das vezes, é ignorado pela política educacional e também pela instituição escolar.

Para fazer uma educação com princípios éticos, temos de estar preparados para pensar elementos que nunca fizeram parte de nossas reflexões, estarmos abertos para o diálogo respeitando as diferenças individuais.

Pelo que pensamos, aqui está a grande "sacada filosófica" de Matthew Lipman que é utilizar a educação como forma de trabalhar habilidades que proporcionem uma reflexão sobre a prática diária das crianças. Pensar bem quer dizer estar mais atento e ligado ao mundo que nos rodeia a fim de que, a partir da reflexão crítica, encontremos soluções criativas para os problemas que nos incomodam. Assim é que casamos a proposta educacional de Lipman com as formas de educação ética apresentadas nos RCNEIs e PCNs. Acreditamos que aqueles professores habilitados a trabalhar com o *Programa Filosofia para Crianças — Educação para o Pensar* são as pessoas mais indicadas para a efetivação de uma educação ética. Não sejam os únicos nem os melhores, mas achamos que aqueles que captaram o espírito da proposta educacional de Lipman poderão, com maior facilidade, orquestrar uma discussão ética ajudando seus alunos na busca de uma reflexão mais razoável.

REFERÊNCIAS BIBLIOGRÁFICAS

ABBAGNANO, Nícola. *Dicionário de Filosofia*. São Paulo: Martins Fontes, 1998.

BRASIL. Secretaria de Educação Fundamental. *Parâmetros Curriculares Nacionais: introdução*. Vol. 1. SEF. Brasília: MEC/SEF, 1997.

_____. *Parâmetros Curriculares Nacionais: Apresentação dos Temas Transversais e Ética*. Vol. 8. SEF. Brasília: MEC/SEF, 1997.

_____. *Referencial Curricular Nacional de Educação Infantil*. Vol. 2. SEF. Brasília: MEC/SEF, 1998.

BUSQUETS, Maria Dolores e outros. *Temas Transversais em Educação: bases para uma formação integral*. São Paulo: Ática, 1998.

COOL, César e outros. *Os Conteúdos na Reforma: ensino e aprendizagem de conceitos, procedimentos e atitudes*. Tradução Beatriz A. Neves. Porto Alegre: Artes Médicas, 1998.

JAPIASSU, Hilton e MARCONDES, Danilo. *Dicionário Básico de Filosofia*. (2.ª ed.) Rio de Janeiro: Zahar, 1991.

LEI DE DIRETRIZES E BASES DA EDUCAÇÃO NACIONAL, LEI N.º 9.394 de 20 de dezembro de 1996. São Paulo: Saraiva, 1997.

LIPMAN, Matthew. *A Filosofia Vai à Escola*. Tradução Maria E. B. Prestes e Lúcia M. S. Kremer. São Paulo: Summus, 1990.

_____ e outros. *Filosofia na Sala de Aula.* Tradução Ana L. F. Falcone. São Paulo: Nova Alexandria, 1994.

_____. *O Pensar na Educação.* Tradução de Ann Mary F. Perpetuo. Petrópolis: Vozes, 1995.

_____. *Natasha: diálogos vygotskianos.* Tradução Lólio L. de Oliveira. Porto Alegre: Artes Médicas, 1997.

_____. *Luísa: investigação ética.* Tradução Ana L. Falcone. São Paulo: Difusão de Ed. e Cultura, 1997.

MO SUNG, Jung e SILVA, Josué C. da. *Conversando Sobre Ética e Sociedade.* Petrópolis: Vozes, 1995.

MORA, José Ferrater. *Dicionário de Filosofia.* São Paulo: Martins Fontes, 1993.

RUSS, Jacqueline. *Dicionário de Filosofia: os conceitos filosóficos, 1850 citações.* São Paulo: Scipione, 1994.

VAZQUEZ, Adolfo Sanchez. *Ética.* Tradução de João Dell'Anna. Rio de Janeiro: Civilização Brasileira, 1995.

III.2 CALA A BOCA JÁ MORREU?!

Paula Ramos-de-Oliveira

"Cala a boca já morreu:
quem manda na minha boca sou eu!"

Dito popular

III.2.1 "Pequenas histórias": elementos para reflexão

Infelizmente, apesar de toda crítica já operada sobre o positivismo, ainda encontramos muitos professores que ensinam e se guiam pela lógica positivista. Acreditam piamente na neutralidade, na objetividade total e em verdades absolutas. Suas atitudes em sala de aula, o modo como tratam o conteúdo, suas concepções sobre o papel do aluno e do professor no processo de formação, os textos e o modo como os utilizam são alguns exemplos que explicitam essa lógica perversa que carrega consigo o desmoronamento do sujeito ao não se comprometer com uma educação que tenha uma perspectiva emancipatória.

Selecionamos alguns relatos que demonstram o que indicamos. Qualquer semelhança com casos reais *não é* mera coincidência.

CENA 1

Um aluno do Ensino Fundamental de uma escola estadual de uma cidade do interior do Estado de São Paulo faz algo recriminável, segundo os critérios de sua professora. Ela precisa tomar uma atitude já que sempre disseram para ela que professor sem autoridade não é um verdadeiro professor. Assim, ela chama este aluno e diz: "Vá, imediatamente, para a cadeira do pensar! Fique lá pensando no que fez de errado". E o aluno vai. Ele pensa? Ela pensa? O que pensam eles e os demais alunos? Os alunos já sabem o que é a **cadeira do pensar**. Sabem o caminho da cadeira do pensar. Mas o que podem pensar sobre o próprio pensar? Qual é a conseqüência dessa postura corriqueira e cotidiana tomada pela professora? **O pensar como castigo**. Cantou? Então, dance agora! **Errou? Então, pense agora!** Existem hora e lugar para pensar. Há uma cadeira pronta para receber os rebeldes.

Essa cena causa-nos espanto, porém reconhecemos nela outras tantas com o mesmo teor que ao mesmo tempo acabamos achando normal. E se é normal é natural. Deve ser ... É quase automático chegar a essa conclusão. Ficar de castigo atrás da porta ou no fundo da sala, não ter intervalo, ser chamado de burro ou sofrer outras agressões. Como é difícil aprender! **Aprender é preciso, torna-se ato obrigatório. Não aprender implica castigo. Aprender também não seria castigo?** Não nos enganemos — alunos do Ensino Fundamental sabem muito bem fazer inferências. Não os subestimemos.

Conforme lembrou a professora dra. Maristela Angotti, a "cadeira do pensar" originalmente integra o conjunto de medidas didático-pedagógicas do Método Montessori. Pretende estimular a autodisciplina: o aluno que atrapalhar a dinâmica do grupo ou danificar material será nela colocado para que possa visualizar o trabalho do grupo e, ao repensar seu comportamento, indicar qual contribuição poderá oferecer. Como se vê, sua transformação em castigo revela como partes de um método que busca "ensinar aos adultos a respeitarem as diferenças individuais e que enfatiza a interação social para formar uma personalidade integrada"[5] podem ser transformadas e até invertidas pela repetição mecânica irrefletida.

CENA 2

Uma garotinha causa a maior polêmica em outra escola — desenhou uma flor e a pintou de preto! "Essa menina deve ter problemas..." Preocupados em

---
5. Objetivos do método concebido por Maria Montessori (1870-1952). Cf.

acompanhar o aluno de perto, a coordenação e a direção chamam uma equipe de especialistas e convocam os pais para colocar o problema da pobre garota. Quando me contaram essa história, lembro-me que interrompi a conversa no exato momento e perguntei: "Alguém se lembrou de conversar com ela sobre sua flor preta?! Já tinham conversado com ela antes?" "Não, ninguém". Eis a resposta que ouvi. Ela só foi ouvida no momento da reunião, quando, finalmente, alguém resolveu fazer a pergunta básica, elementar: "Por que você pintou a flor de preto?" E a garotinha desmontou a todos com sua resposta: "Ué?! E se era noite?!" A criança estava exercendo a expressão artística. A poesia subverte o mundo rotineiro, maçante. Convenhamos, será que é ela quem tem problemas?

De fato, não podemos negar que há, por parte dessa escola, uma intencionalidade positiva frente a seus alunos, revelada pelo cuidado com o episódio e com a aparente preocupação em compreender a criança. Contudo, o encaminhamento dado ao caso indica, pelo menos, um grande equívoco com o qual a criança é incapaz de ter voz.

CENA 3

Uma outra menininha sempre gostou de desenhar e desde muito pequena vivia com folhas de sulfite e suas canetinhas. Fazia desenhos realmente bons. Um deles foi selecionado pelo Maurício de Souza para a publicação na "*Folhinha*", antigo caderno do jornal *Folha de S. Paulo*. Traços firmes, noção de perspectiva e criatividade eram algumas das qualidades de seu desenho. Crianças vistas de costas, com suas tranças. Um belo dia essa menina começa a freqüentar um lugar chamado "escola" e sua professora imediatamente proíbe o uso de canetinhas. Ela segue a determinação de sua diretora para todas as professoras da escola: é proibido usar canetinhas, pois suja o verso da folha. Só é permitido usar lápis de cor. O que aconteceu com a pequena desenhista e pintora? Perdeu o gosto pelo desenho. Mas, está certo, não é?! Afinal, imaginem quantos versos de folhas a garotinha iria sujar! Essa menina traumatizou-se quanto a essa atividade de que tanto gostava e na qual era tão criativa. Virou moça que hoje acredita não ter criatividade nem jeito para atividades artísticas. As pessoas que vêem seus desenhos de criança tentam convencê-la de suas potencialidades artísticas. Mas o caminho, por enquanto pelo menos, é irreversível. Não há quem a faça retornar à alegria e realização do ato de desenhar e colorir.

CENA 4

Adultos tentando adivinhar a mímica das crianças. Uma delas faz um movimento com as duas mãos como se cada uma delas estivesse a tocar em algo: os dedos correm de lá para cá, o ritmo é de uma dança. O sorriso no rosto mostra o prazer da ação. O que será? Não há dúvida. "Alguém está tocando piano, dizem os adultos". A criança revela, no entanto, o significado de sua mímica: "É a minha tia no computador!"

A criança vê o mundo como um lugar cheio de possibilidades. O mundo se desenvolve a ela de uma maneira aberta. Surpreendente. Os adultos tendem a enxergá-lo de modo estereotipado. Ou a não enxergá-lo.

CENA 5

"Façam fila, meninas de um lado e meninos do outro", dizem as professoras. "Fazer fila por quê?" e "Por que meninas de um lado e meninos do outro"? "Meninas e meninos não devem ficar juntos?" Formam-se os clubes dos Bolinhas e o das Luluzinhas. Este mundo é mesmo sem significação, preconceituoso e estereotipado.

III.2.2 A (des)educação[6] promovida pela escola

Retomando a questão apontada no início, vemos que a concepção positivista de educação explicita suas mazelas por um fazer pedagógico que muito mais deseduca do que educa. Trata-se da deseducação travestida, fantasiada de educação.

Há diferença entre o conhecimento que se pretende neutro e o conhecimento que assume seus limites. O aluno tem que estar ciente deste limite e situar-se a partir dele. Deve compreender o conhecimento enquanto *processo,* diferentemente da visão positivista que compreende o mundo de forma estática, linear, buscando modelos e padrões e recusando as diferenças.

---

6. Deseducação e semiformação são termos paralelos. No entanto, a semiformação liga-se mais diretamente (embora não exclusivamente) a processos sociais difusos (mídia, senso comum, etc.); deseducação liga-se mais diretamente (embora não exclusivamente) a processos escolares ou familiares. Ambos constituem-se como entraves à formação.

Na realidade, o professor que não considera seus alunos como parte do processo assume como intocável e inquestionável a premissa de que os alunos são incapazes de refletir. Para este tipo de professor, *transmissão* de conteúdo parece pressupor a própria idéia de neutralidade. O conhecimento é reelaborado a todo instante, está sempre em construção. Na verdade, talvez falte a esse tipo de professor .... a capacidade de refletir.

Imaginem uma caixa com blocos de madeira. Quantos blocos, quais as cores, as formas e os tamanhos? Sabemos que há blocos coloridos que apresentam tamanhos e formas diferenciados. Os conceitos aqui envolvidos são da maior importância. Há uma possibilidade de motivar os alunos para a descoberta de relações e significados. Este esforço é necessário. Dois triângulos podem formar um quadrado? Descobrir sozinho isso, ver um amigo a fazê-lo ou contribuir para que juntos descubram é mais significativo do que ouvir o professor contar. Uma "caixinha de surpresas" interessa mais do que uma caixinha com oito blocos, de tais tamanhos, cores e formas. Se o professor já contou como ela é, se já apresentou o conhecimento como algo pronto e acabado, o que resta aos alunos?! Constatar que a realidade é intocável? Que apreendê-la é apenas repetir conhecimentos estabelecidos e imutáveis?

Quais as consequências desta concepção positivista de educação? Como esses alunos estão sendo "formados"? Para quê? É possível arrolar algumas consequências desta concepção equivocada de ensino:

- reforça preconceitos ao trabalhar com estereótipos;
- institui a relação mando-obediência;
- assegura a "autoridade" do professor, detentor único do saber e do poder;
- inibe e/ou destrói a criatividade do aluno;
- cerceia a liberdade de expressão do aluno;
- promove o medo do erro;
- institui a perspectiva do castigo;
- não educa para a autonomia;
- faz do aluno uma não-pessoa, pois o considera um ser sem voz;
- "forma" alunos para o não-pensar, seres submissos, ao excluí-los do processo de construção do conhecimento.

Como reverter tal situação? É claro que não podemos ignorar outros entraves que o ensino brasileiro nos coloca. Apenas queremos enfatizar a formação como questão crucial a ser enfrentada. O conceito de formação é muito mais complexo do que o de simples aprendizagem.

Wolfang Leo Maar desenvolve o sentido de formação como entendido pela Teoria Crítica:

> "Em alemão, a expressão possui um sentido 'educacional'. Refere-se, porém, sobretudo conforme a tradição da filosofia hegeliana, ao processo dialético de formação do homem no mundo, em que aquele, ao se impor a este, adquire sua realidade, enquanto o mundo, simultaneamente, é humanizado pelo homem em interação com ele. Articulam-se deste modo o processo de formação do sujeito, e a constituição dos elementos humanos do mundo, que serão a 'cultura objetiva'. O processo formativo constitui a base do movimento dialético e seu paradigma é o processo do trabalho social. O ideal formativo corresponderia, nestes termos, a um processo de trabalho social autônomo, permitindo a realização total das potencialidades de seu agente como sujeito emancipado da sociedade" (1994: 141).

Queremos ressaltar que o educador não pode fazer do processo educativo uma corrente de mão única. Precisa ver o aluno como parte essencial desse processo, estimulando-o a usar sua voz e levando-o a desenvolver sua reflexão, seu pensar.

Desmistificar a concepção positivista de educação é apenas o princípio deste processo. Há a necessidade de uma inversão de certos valores. Por exemplo, é preciso compreender o erro como parte da aprendizagem e ter consciência de nossa ignorância para que possamos querer conhecer, com liberdade. Integra o conjunto de "bom senso" que Gramsci reconhece no interior do "senso comum", é fato de observação cotidiana que se incorpora na experiência dos indivíduos e das nações. Já na época medieval, o valor pedagógico do erro revelava na sentença latina *"errando discitur"* (TOSI, 2000: 184), ou seja, "é errando que se aprende". De fato, o reconhecimento do erro é um dos primeiros passos para suplantá-lo e progredir na busca do conhecimento e da compreensão. Enfim, saber dos limites do conhecimento nos tranqüiliza aos erros e quanto às ausências de respostas para tudo.

III.2.3 Filosofia e educação para o pensar: resgatando a criança como pessoa-sujeito

Kant insiste na necessidade de a criança sair da menoridade. Sair da menor idade significa ganhar voz, ter sua voz escutada: resgatar a criança como pessoa-sujeito.

"Esclarecimento [Aufklärung] é a saída do homem de sua menoridade, da qual ele próprio é culpado. A menoridade é a incapacidade de fazer uso de seu entendimento sem a direção de outro indivíduo. O homem é o próprio culpado dessa menoridade se a causa dela não se encontra na falta de entendimento, mas na falta de decisão e coragem de servir-se a si mesmo sem a direção de outrem. *Sapere aude*! Tem coragem de fazer uso de teu próprio entendimento, tal é o lema do esclarecimento."(1985: 100)

Observe-se que "maioridade" em alemão [*mündigkeit*] indica a capacidade de se fazer uso da boca [*mund*], ou seja, de se fazer ouvir. O mesmo fato lingüístico acontece com o termo "infância" que, pela raiz latina, indica também "fase em que não se tem a capacidade de se fazer ouvir, de falar".
Analisemos mais duas cenas:

CENA 6

Aula de filosofia para crianças. A metodologia utilizada pressupõe o diálogo. Diante de uma nova dinâmica em sala de aula, ouvimos um aluno do Ensino Fundamental dizer: "A professora diz que não pode conversar porque senão não dá para aprender". Esses alunos são seres sem voz. Não são pessoas; são não-pessoas, são não-educandos. Não são nem educandos nem educados.

CENA 7

Aula de filosofia para crianças. Os alunos avaliam a disciplina após um ano de aulas. Um deles afirma: "Antes eu pensava que todas as perguntas tinham respostas." Ah, se eu soubesse disso aos oito anos de idade! Ah, se os professores estivessem cientes de que não são deuses...

Qual o papel da Filosofia frente a uma educação voltada para o pensar? Qual o significado da existência de um *programa* específico desenvolvido para estimular o pensar? Ao nos referirmos à idéia de programa, pensamos em um conjunto de concepções que fornecem a fundamentação teórica para uma determinada proposta de ensino. Desta forma, vários conceitos são repensados: há uma determinada concepção de educação que pretende sustentar a proposta que será colocada em prática. Vou viajar de barco ou de avião? Vou para uma região em que faz calor ou frio? Preciso de muitas informações para fazer a minha mala. O mesmo ocorre com um programa quando abriga determinadas concepções de professor, aluno, conhecimento ou de como o seu currículo deve ser construído, sua metodologia, entre outras.

Ao longo do tempo, outros materiais de Filosofia para Crianças surgiram no currículo dessa disciplina. Novas questões vêm à tona: o que faz um texto ser filosófico? O que o define? Qualquer texto que seja considerado "reflexivo" pode ser considerado um bom material para ser trabalhado no ensino de Filosofia para Crianças? Quais são as diferenças entre um texto literário e um filosófico? A literatura infantil de reconhecida qualidade cumpre o mesmo papel que o texto filosófico?

Além disso, há uma necessidade premente de se repensar a adequação deste programa, de origem norte-americana, ao contexto brasileiro, estudar novas possibilidades para esta proposta, talvez mais adequadas à realidade brasileira. O Brasil tem revelado grande interesse pelo Programa Educação para o Pensar tanto nas escolas quanto em nível acadêmico. Talvez porque filosofia para crianças apareça como uma alternativa ao Ensino Fundamental, tão carente de novas propostas.

A carência e/ou a má qualidade dos materiais didáticos para o Ensino Fundamental também reforçam a busca por novas alternativas — basta ver a lista de livros reprovados pelo MEC por apresentarem conceitos errados ou estarem carregados de conteúdos ideológicos. Essa é também outra tarefa urgente: realizar a crítica aos materiais utilizados nesse nível de ensino.

Uma Educação para o Pensar traz consigo a perspectiva emancipatória tão necessária para uma formação mais integral e humana; uma educação voltada para o pensar que forma pessoas com voz, autônomas, criativas e críticas é também aquela que busca a razão vital e que faz a denúncia da razão instrumental. Talvez essa seja a chave para a dissolução da dicotomia "habilidade x conteúdo". Esta questão adquire outros contornos com a explosão da informação e dos novos meios de comunicação. Não podemos ignorar esta realidade — ainda que não seja a realidade da maioria. Como diz Marilena Chauí, no Brasil temos o Primeiro Mundo e o Terceiro Mundo.

> "Há, em cada país, um 'primeiro mundo' (basta ir aos Jardins e ao Morumbi, em São Paulo, para vê-lo) e um 'terceiro mundo' (basta ir a Nova Yorque e Londres para vê-lo). A diferença está apenas no número de pessoas que, em cada um deles, pertence a um dos 'mundos', em função dos dispositivos sociais e legais de distribuição de renda, garantia de direitos sociais consolidados e da política tributária (o grosso dos impostos não vem do capital, mas do trabalho e do consumo);" (CHAUÍ, M.: 1997, 04).

O fato é que a educação informal existe e começa a ganhar força. A escola, enquanto local de Educação formal, deve estar atenta aos outros modos de educação que se instalam na sociedade e cuidar para que não sejamos atingidos pelo "efeito cegueira". Assim, justifica-se ainda mais uma educação voltada para o desenvolvimento do pensar.

III.2.4 Decifra-me ou devoro-te: considerações finais

Decifra-me ou devoro-te: o enigma lá está. O conhecimento é a esfinge. Poço sem fundo. O limite confunde-se com o ilimitado. Que a questão possa ser colocada, que o desafio esteja nela. Que decifrar e devorar em educação possam ter o gosto e o sabor dos céus — e não a angústia que aprendemos equivocadamente a sentir diante de um dilema. Dilema com gosto de néctar. Dilema não como questão de vida ou morte. Gostar da dúvida, da reflexão, do pensar é saudável; distancia-nos do dogmatismo. Dilema com sabor do desejo do conhecimento. Que o educando — ser em formação como nós — perceba a complexidade, reduto dos grandes enigmas, do ser humano e das questões que lhe dizem respeito; que compreenda o dilema como fruto desta complexidade que merece ser decifrada *ad infinitum*; que esse processo tenha sempre o sabor, o cheiro e o gosto que sentimos na infância e que buscamos quando adultos para nos invadir de prazer; um encantamento, uma rememoração, uma reelaboração. Que o dilema do conhecimento deixe de se pautar pela máxima "aprendas ou serás castigado". O conhecimento deve ser como uma fruta que merece ser devorada-decifrada com prazer e não como castigo.

REFERÊNCIAS BIBLIOGRÁFICAS

ARANHA, M. L. A.; MARTINS, M. H. P. *Filosofando:* uma introdução à Filosofia. São Paulo: Moderna, 1993.

BENJAMIN, W. *Reflexões*: a criança, o brinquedo, a educação. São Paulo: Summus, 1984.

CHARTIER, R. *A aventura do livro*: do leitor ao navegador. Tradução de Reginaldo Carmello Corrêa de Moraes. São Paulo: Fundação Editora da Unesp, 1998.

CHAUI, M. *Convite à filosofia.* São Paulo: Ática, 1995.

_____. *Ideologia Neoliberal e Universidade.* São Carlos: CECH-UFSCar, 1997. (Palestra).

ECO, U.; BONAZZI, M. *Mentiras que parecem verdades.* Tradução de Giacomina Faldini. São Paulo: Summus, 1980.

KANT, I. "Resposta à pergunta: Que é Esclarecimento?". In: *Textos seletos.* Tradução Floriano de S. Fernandes. Petrópolis/Rio de Janeiro: Vozes, 1985. (Textos clássicos do pensamento humano/2).

KOHAN, W. O. *Filosofia para Crianças.* Rio de Janeiro: DP&A, 2000. (O que você precisa saber sobre...).

MAAR, W. L. "A indústria (des)educa(na)cional: um ensaio de aplicação da Teoria Crítica ao Brasil". In: Pucci, Bruno (org.). *Teoria crítica e educação*: a questão da formação cultural na Escola de Frankfurt. 2.ª edição. Petrópolis/S. Carlos: Vozes/Editora da UFSCar, 1994.

PUCCI, B. (org.). *Teoria Crítica e Educação.* Petrópolis, Rio de Janeiro: Vozes — Editora da UFSCar, 1995.

SAUTET, M. *Um café para Sócrates*: como a filosofia pode ajudar a compreender o mundo de hoje. Rio de Janeiro: José Olympio, 1997. Tradução de Vera Ribeiro.

WHITAKER, D. C.; FLAMENGUE, E. C. Infância, Voz e Direitos Humanos. In: STEIN, L. (org.). *Cidadania e Educação:* leituras em direitos humanos. Araraquara: Unesp/FCL, 1999.

III.3 A CONSTRUÇÃO DO PENSAMENTO: UMA CONTRIBUIÇÃO DA PSICOLOGIA

Marlene Fagundes Carvalho Gonçalves

Falar sobre o Pensar na Educação ou Educação para o Pensar implica buscar, em outros campos do conhecimento, reflexões sobre a Educação e o Pensar. Privilegio aqui este segundo aspecto, objetivando trazer uma pequena contribuição da Psicologia a esta questão.

O que é pensar? Como é o pensar infantil? Será que a criança pensa como o adulto nos seus primeiros anos de vida? Sabe-se que o pensamento do adulto é predominantemente verbal, ele pensa como se falasse para ele mesmo, em voz baixa. Será assim também que a criança pensa? Quais instrumentos ela tem, desde o início de sua vida, para pensar? Como foi construída esta capacidade? Como ela desenvolveu-se para chegar a este ponto?

Em uma concepção interacionista de desenvolvimento, este é visto como resultado da interação entre organismo e meio, aspectos biológicos e ambientais, sujeito e objeto e sujeito com outro sujeito. Nesta visão, o conhecimento, bem como a própria capacidade de ser e pensar, é construído pelo indivíduo durante toda sua vida nas interações sociais que mantém, considerando-se o contexto social, histórico e cultural. Os teóricos interacionistas que melhor fundamentaram estas questões foram Piaget e Vygotsky, ainda que tenham, entre suas teorias, alguns desacordos.

A contribuição trazida por eles acaba sendo mais importante que as divergências, daí por que optarmos, neste momento, pelos aspectos que interessam ao tema em questão.

Piaget (1967) foi um dos teóricos que nos mostraram de forma extremamente meticulosa e interessante as coisas que acontecem no desenvolvimento intelectual durante a infância e que, a partir destes conhecimentos, pode-se entender mais profundamente este processo.

O que se sabe hoje é que a criança, ao nascer, já tem certas capacidades inatas ligadas à própria sobrevivência como os atos reflexos de sugar e engolir. Sabemos que tem o movimento e que os seus sentidos, ainda que de forma meio rudimentar, já estão presentes. Sabe-se ainda que o meio (social e cultural) em que ela se insere é que vai dar as primeiras coordenadas para seu desenvolvimento. Estes são os instrumentos que recebe ao nascer e, a partir deles, ela vai começar a construir-se como pessoa.

Antes de dominar bem a linguagem, o pensamento da criança apóia-se em outros elementos para se desenvolver como as próprias sensações ligadas aos sentidos. O pensamento é mais global, no sentido de representar mentalmente cada experiência, apreendendo a imagem, o cheiro, o gosto, as sensações. Cada experiência vivida, idéia ou objeto novo conhecido vai ganhando uma imagem mental.

Um exemplo real, bem ilustrativo da situação, é o de uma criança de aproximadamente três anos que queria ir ao "clube do sapato" e pedia insistentemente à mãe que a levasse. Ninguém compreendia o que essa menina queria nem que lugar era esse, até que se descobriu que o clube era, na realidade, o "tênis clube". O que aconteceu? Provavelmente a menina, ao ouvir pela primeira vez o nome do clube, mentalizou-o na forma de imagens conhecidas por ela, no caso o tênis (como sapato) e um clube. No momento de transformar novamente em linguagem aquela imagem por ela reconstruída, houve uma pequena alteração, suficiente para dificultar o entendimento dos adultos à sua volta.

O surgimento da linguagem representa um salto enorme no desenvolvimento infantil, tanto quanto representou para a própria espécie humana. Além de permitir a comunicação e permuta de experiências entre os homens, a linguagem age como instrumento do pensamento que fornece conceitos e formas de organização do real.

Segundo Oliveira (1993), tudo começa com a necessidade de intercâmbio social, que é uma das funções básicas da linguagem, o homem cria e usa sistemas de linguagem para se comunicar com seus semelhantes. Isso é bem visível na criança pequena que está aprendendo a falar. Ela não sabe ainda articular as palavras nem consegue compreender o significado preciso daquelas utilizadas pelo adulto, mas consegue comunicar seus desejos e estados emocionais. A necessidade de comunicação é que impulsiona, inicialmente, o desenvolvimento da linguagem.

Paralelamente, à medida que a criança começa a articulação das palavras, ela vai fazendo a organização e orientação do pensamento. Para Davis e Oliveira (1992),

> "quando a criança começa a designar objetos e eventos do mundo exterior em palavras isoladas ou combinações de palavras, está discriminando esses objetos, está prestando atenção em suas características, podendo guardá-las na memória. Com isso a criança está livre do aqui-e-agora: pode, com ajuda da linguagem, relembrar situações passadas e prever eventos futuros. Pode lidar com objetos, pessoas e fenômenos do ambiente, mesmo quando eles não se encontram presentes. A linguagem permite, assim, que o ser humano se distancie da experiência imediata, fato que assegura o aparecimento da imaginação e do ato criativo" (DAVIS & OLIVEIRA, 1992).

A linguagem possibilita ainda à criança o processo de abstração e generalização. Quando ela diz cachorro, está destacando algumas características desse animal e que se aplicam tanto a um vira-lata como a um pequinês. Ao falar cachorro, ela está abstraindo características fundamentais dos cachorros e aplicando a uma série de animais que conhece, generalizando o conceito (OLIVEIRA, 1993).

Isso nos indica que fala não é pensamento em voz alta, mas que linguagem e pensamento são dois elementos distintos. Tanto que é possível falarmos sem pensar (quando repetimos automaticamente frases decoradas pensando em outra coisa) ou querermos dizer algo que está em nosso pensamento, mas não encontrarmos as palavras adequadas (VYGOTSKY, 1979).

No bebê, *fala, pensamento* e *ação* são elementos diferentes e independentes, mas que se influenciam reciprocamente. O que era *manifestação verbal* (balbucios e resmungos sem significado), *pensamento* (visualização de imagens ou lembrança de cheiros) e *mera ação* tornam-se, aproximadamente aos dois anos, *linguagem racional, pensamento verbal* e *ação planejada*. Na relação entre pensamento e linguagem, o significado ocupa lugar central para Vygotsky. No significado da palavra é que pensamento e linguagem se unem em pensamento verbal.

Assim, o pensamento verbal, esse discurso interior como o conhecemos enquanto adultos, constrói-se fazendo o seguinte percurso: fala social para fala (discurso) egocêntrica (a criança falando para ela mesma) e depois fala (discurso) interior.

A linguagem, principalmente a fala, enquanto atividade simbólica, é o principal instrumento que garante a interação, além de se constituir num fator tipicamente humano, principal elemento de organização das funções psicológicas superiores como percepção, atenção, memória, etc. Com a linguagem, amplia-se a capacidade de comunicação e organização das idéias e reflexão.

É importante ressaltar, entretanto, que a linguagem, com todas essas vantagens citadas, não se apresenta sob uma única forma. Há a fala verbal ou oral, mas há também a gestual, escrita, etc. É a linguagem, em qualquer forma de manifestação, que marca o início da possibilidade de representar, de usar mediadores entre ela própria e o mundo, como nos ensinou Vygotsky (1984). Ao aprender e dominar a linguagem (principalmente a verbal, para as pessoas sem deficiência auditiva ou de fala), a criança vai internalizando-a, formando, assim, este pensamento verbal que temos hoje (o pensamento das pessoas surdas-mudas constitui-se, de forma semelhante, a partir de outras formas de linguagem que elas dispõem).

É importante ressaltar que para Vygotsky (1984) *internalização* não é mera transposição mecânica e automática daquilo que se ouve ou vê, mas uma *reconstrução interna* de uma experiência social. Ou seja, aquilo que foi vivenciado numa relação social, na interação com outros, é apropriado pelo indivíduo. A criança torna aquilo próprio, reconstruindo-o a partir de combinações de fragmentos de suas experiências mais significativas.

Assim, todas as funções psicológicas aparecem duas vezes no desenvolvimento. Primeiro por um nível social e depois por um nível individual, graças aos signos que possibilitam a reconstrução psicológica. O que estava num plano social (interpessoal) passa a um plano psicológico (intrapessoal).

Como se dá essa reconstrução? O que os signos têm a ver com isso? Um dos conceitos-chave de Vygotsky (1984) é a *mediação* (processo de intervenção de um elemento intermediário numa relação que deixa de ser direta e passa a ser mediada por esse elemento). A relação do homem com o mundo não é direta e imediata, mas sempre mediada.

Vygotsky distinguiu elementos mediadores como *instrumento e signo*. O *instrumento* age externamente, transformando objetos e a natureza e está associado à inteligência prática. O *signo* é orientado internamente, não modifica os objetos, é dirigido para o controle do próprio indivíduo e está associado à linguagem, enquanto capacidade de representar e significar algo. A combinação entre o uso de instrumentos e *signos* na atividade psicológica resulta numa função psicológica superior observada por Vygotsky, ou seja, nas operações mentais, na memória, na linguagem e no próprio pensamento.

Se é tão importante, então, que a criança ou pessoa faça uso da linguagem para seu desenvolvimento, qual o papel dos educadores?

Há alguns anos, o bom aluno, ou a criança-modelo, era aquele que não conversava, falava somente quando indagado. O silêncio era sinônimo de boa educação. Hoje, sabemos da necessidade de a pessoa, desde pequena, fazer uso da capacidade conquistada pela humanidade, a linguagem. Ela precisa ter oportunidade de ouvir, falar e dialogar.

É bom lembrar que uma criança não nasce sabendo falar ou se comunicar plenamente pela linguagem, só pelo fato de ser humana. Algumas pessoas supõem que da mesma forma que aprendemos a respirar, mamar e dormir, aprendemos também a falar, o que não é verdade. Um caso real vem exemplificar isso. A mãe leva seu filho de três anos ao médico, alegando que a criança ainda não falava. O médico pergunta-lhe se tem o costume de conversar com a criança desde bebê; a mãe respondeu-lhe que não, pois eram apenas os dois na casa e ela sabia que o bebê não responderia.

Em que medida saber como a criança *pensa* pode ser importante para os educadores? Este conhecimento pode levar à consciência de quanto se pode contribuir na reconstrução da criança enquanto sujeito, pois seu pensamento vai se constituindo a partir de seus próprios movimentos, sentidos e experiências com o outro.

O que precisa ser feito? Dar condições para que a criança ouça, para que surjam oportunidades de diálogo, oportunidades de a criança contar acontecimentos, mesmo que tenham sido vivenciados juntos, perguntar, ouvir, criar situações imaginárias, hipóteses, etc. Tudo isso representa não só um exercício mental para a criança, mas também uma aproximação maior entre ela e o adulto.

O pensamento verbal (reflexivo) que possibilita ordenar e organizar o próprio pensamento infantil é construído passo a passo pela própria criança, a partir das interações que ela mantém em seu meio. Assim também ocorre com os valores, ainda que de forma rudimentar. Somente mais tarde a influência dos adultos sobre a criança deixa de ser tão forte.

Novas experiências representam novas construções e esse período inicial, em função de ter como tarefa principal a construção do pensamento e de si mesmo como sujeito já que nem o pensamento verbal está pronto, é extremamente propício a isto.

Torna-se importante saber aproveitar cada momento desta fase das crianças, cada parte deste processo tão bonito e agora compreensível em parte pelos educadores, graças aos estudos feitos nesta área do desenvolvimento infantil.

Um dos conceitos mais importantes trabalhados por Vygotsky (1984), nesta linha de pensamento, diz respeito ao *aprendizado*. Para o autor, este é fundamental, pois movimenta e provoca o processo de desenvolvimento do indivíduo. O aprendizado possibilita o estabelecimento da *Zona de Desenvolvimento Proximal* (ou *Potencial*) que é a distância entre o nível de desenvolvimento real (aquilo que a criança pode fazer sozinha) e o desenvolvimento proximal (aquilo que ela faz com a ajuda de outro). Para Vygotsky, o aprendizado não deve se concentrar no nível de desenvolvimento real, mas na zona de desenvolvimento proximal, mediante a interação e cooperação com adultos e colegas mais experientes no tema de aprendizado em questão. Ou seja, a construção é feita pela criança a partir das relações sociais, mas quanto mais consciência desse processo tiverem os educadores, melhor a intervenção pedagógica para despertar esse processo na criança. Querer crianças atentas, críticas e capazes de criar e construir pensamentos originais, implica dar condições para isso. A interação, principalmente através do diálogo e das discussões, se faz importantíssima, levando-nos a outra questão relevante. Basta ter interação para conseguir os resultados esperados?

Davis, Silva e Espósito (1989), no texto *Papel e valor das interações sociais em sala de aula*, discutem o conceito de interações sociais, a partir da teoria vygotskiana, para clarificar sua importância para a dinâmica da sala de aula. As autoras apontam a importância da interação tanto no aspecto positivo como no negativo, que podem ser fonte de informações verdadeiras ou preconceituosas, de independência ou de dominação, de tomada de consciência ou alienação.

São relações sociais diretas (com um só parceiro) e indiretas (com a própria cultura). As interações sociais não podem ser consideradas como um fim em si, pois sua finalidade, na escola, é a construção do conhecimento.

Interações sociais que contribuem para a construção do saber (consideradas educativas) referem-se a situações bem específicas como aquelas que exigem coordenação de conhecimentos, articulação de ação, superação de contradições, etc. Ou seja, tem que se favorecer esses tipos de interação social que nem sempre surgem espontaneamente.

Na pedagogia tradicional, em que se acentua o desnível entre professor e aluno, há uma grande valorização da interação professor-aluno, mas que é assimétrica, requer mais experiência do professor e lhe atribui maior poder.

Em oposição, certos professores abandonam sua autoridade, passam ao *laissez-faire*, supondo que as interações criança-criança são tão ricas que são suficientes.

A vertente sociointeracionista rejeita as duas posturas citadas. Não privilegia a simetria entre professor-criança ou criança-criança, mas as condições que garantem isso como igualdades de oportunidades no que se refere à ocupação de tempo e espaço interativo, à expressão individual, à negociação e à escolha.

A intervenção do adulto é vital nesse processo. Cabe a ele também planejar situações educativas que propiciem o pensar na escola e do pensar de forma autônoma, ativa e crítica. Para isso, ele precisa conhecer um pouco mais do processo da construção do pensar.

REFERÊNCIAS BIBLIOGRÁFICAS

DAVIS, C. & OLIVEIRA, Z. *Psicologia na Educação*. São Paulo: Cortez, 1992.

_____. SILVA, M. A. S. & ESPÓSITO, Y. L. "Papel e valor das interações sociais em sala de aula". *Cadernos de Pesquisa* n.º 71, São Paulo: FCC, pp. 49-54, nov. 1989.

OLIVEIRA, M. K. *Vygotsky*. São Paulo: Scipione, 1993.

PIAGET, J. *Seis Estudos de Psicologia*. Rio de Janeiro: Forense, 1967.

VYGOTSKY, L. S. *Pensamento e Linguagem*. Lisboa: Antídoto, 1979.

_____. *Formação Social da Mente*. São Paulo: Martins Fontes, 1984.

III.4 O PENSAR NO ENSINO SUPERIOR

Cláudio Romualdo

III.4.1 Introdução

O Ensino Superior é organizado ainda na velha concepção de educação que tem prioritariamente a função de preparar profissionais para os mais diversos setores. A mentalidade dominante e o modelo universitário originaram-se das antigas escolas profissionais que, apesar de um excelente desempenho, em alguns casos não destacaram suficientemente a formação geral e cultural.

Há a predominância da mentalidade de que, no Ensino Superior, o indivíduo deverá se profissionalizar, ou seja, desenvolver uma série de conhecimentos voltados para uma área de trabalho. Então, a prática é hoje priorizada em relação aos referenciais teóricos no Ensino Superior. A concepção profissionalista dos cursos universitários tem sido o principal entrave à existência de uma verdadeira formação universitária que tem a função de desenvolver a versatilidade intelectual do sujeito e elaborar novos axiomas à sociedade, principalmente voltados à alteridade dos homens. Afirma Darcy Ribeiro:

"Uma pessoa que passa pela Universidade, ainda que não se forme, atua melhor do que se não tivesse passado. Estupidez é obrigar quem passa pela universidade a aprender uma profissão. Vai-se à universidade estudar cultura, estudar o mundo" (In: Encontros com a Civilização Brasileira, nº 19, Rio de Janeiro, 1980, pp. 78 e 79).

O modelo universitário está intimamente ligado à tendência reprodutora da educação. Reproduz os mecanismos do sistema nos aspectos sociais, econômicos, políticos e culturais, além de uma pedagogia diretiva que historicamente está inserida na concepção de pedagogia tradicional.

A pedagogia diretiva é o modelo que os professores universitários, na maioria, adotam no exercício da prática docente. Por quê? Apesar de teoricamente termos muitos referenciais pedagógicos que, desde o Manifesto dos Pioneiros da Educação, estão presentes tanto na formação dos novos professores de Cursos de Licenciaturas quanto em experiências nas escolas de todos os níveis, a resposta está no fato de que os professores do Ensino Superior, em geral, não têm acesso, nos Cursos de Mestrado e Doutorado, aos referenciais teóricos de fundamentação de uma nova prática pedagógica, reproduzindo modelos que eles têm como axiomas, faltando-lhes condições de transformar o Ensino Superior em construção de conhecimentos e não somente lugar de profissionalização.

No prefácio da obra *A formação do professor do Ensino Superior*, Paulo Nathanael Pereira de Souza faz a seguinte reflexão:

> "No centro desse processo de desqualificação, encontra-se o professor sem adequada capacitação. Recrutados quase sempre entre profissionais de sucesso em seu ramo de atuação, se bem que destituídos de qualquer noção sobre o significado estrito da educação ou sobre os recursos didático-pedagógicos exigidos pela formação sistêmica do alunado, esses docentes improvisados fazem o que podem para dar conta do recado em sala de aula. Daí que a regra geral da docência superior no Brasil traduz-se pela repetição de lições nascidas todas de um saber cediço e estruturado, que não raro se desatualiza e atinge as raias da inutilidade para o educando. Não se pratica a revivificação do conhecimento pela via indispensável da discussão crítica e da pesquisa inovadora. Tudo se faz em estilo de reprodução e pouco avanço, exatamente no momento em que o saber, em plena transformação evolutiva, não mais se compõe com as rotinas do *magister dixit*. E isso é verdadeiro tanto para o campo das ciências e da tecnologia como para as artes, da filosofia e das humanidades em geral" (1991, pp. 11).

Hoje se fala em andragogia no lugar de pedagogia como ciência objetiva para orientar o Ensino Superior. Andragogia vem do grego *andra = aner andros* (homem) *gogia = ago* (fazer, iniciar, educar e construir). Logo, andragogia tem o significado de construção do homem.

A pedagogia (*Paidagogía*), na Grécia, era função do *paidagógo*. Era este quem conduzia (*agógos*, derivado do verbo *agein*) as crianças (*páides*), especialmente, à escola. Por extensão, o *paidagógos* era aquele que instruía as crianças. A *paidagogía* converteu-se, então, no saber ou na arte de instruir as crianças. Existiriam depois, a *paidologia* — saber sobre a criança e a *paidagogía* — conhecimento das técnicas educacionais e arte de pô-la em prática.

A andragogia tem suas raízes na pedagogia e por isso temos de resgatar um pouco da sua história. No começo do século VII, surgiram na Europa escolas para o ensino de crianças, cujo objetivo era preparar jovens rapazes para o serviço religioso, as conhecidas catedrais ou escolas monásticas. Os professores dessas escolas tinham como missão a doutrinação dos jovens na crença, fé e rituais da Igreja. Esse modelo de educação monástica foi mantido até o século XX por não haver estudos aprofundados de sua inadequação para outras faixas etárias que não a infantil. Infelizmente, ele veio a ser a base organizacional de todo o sistema educacional, incluindo o empresarial. Entretanto, logo após a 1.ª Guerra Mundial, começou a crescer nos Estados Unidos e na Europa um corpo de concepções diferenciadas sobre as características do aprendiz adulto. Mais tarde, após o intervalo de duas décadas, essas concepções desenvolveram-se e assumiram o formato de teoria de aprendizagem, com o suporte das idéias de alguns pensadores.

Eduard C. Lindeman (USA) foi um dos maiores contribuidores para pesquisa da educação de adultos através do seu trabalho *The Meaning of Adult Education*, publicado em 1926. Suas idéias eram fortemente influenciadas pela filosofia educacional de John Dewey:

> "... a educação de adulto será através de situações e não de disciplinas. Nosso sistema acadêmico cresce em ordem inversa: disciplinas e professores constituem o centro educacional. Na educação convencional é exigido do estudante ajustar-se ao currículo estabelecido; na educação de adulto o currículo é construído em função da necessidade do estudante. Todo adulto se vê envolvido com situações específicas de trabalho, de lazer, de família, da comunidade, etc. — situações essas que exigem ajustamentos. O adulto começa nesse ponto. As matérias (disciplinas) só devem ser introduzidas quando necessárias. Textos e professores têm um papel secundário nesse tipo de educação; eles devem dar a máxima importância ao aprendiz" (LINDMAN:, 1926, pp. 8-9).

"... a fonte de maior valor na educação de adulto é a experiência do aprendiz. Se educação é vida, vida é educação. Aprendizagem consiste na substituição da experiência e conhecimento da pessoa. A psicologia nos ensina que, ainda que aprendemos o que fazemos, a genuína educação manterá o fazer e o pensar juntos.... A experiência é o livro vivo do aprendiz adulto" (Ibid., p. 9-10).

"Ensino autoritário; exames que predeterminam o pensamento original; fórmulas pedagógicas rígidas — tudo isto não tem espaço na educação de adulto... Adultos que desejam manter sua mente fresca e vigorosa começam a aprender através do confronto das situações pertinentes. Buscam seus referenciais nos reservatórios de suas experiências, antes mesmo das fontes de textos e fatos secundários. São conduzidos a discussões pelos professores, os quais são, também, referenciais de saber e não oráculos. Isto tudo constitui os mananciais para a educação de adultos, o moderno questionamento para o significado da vida" (Ibid., p. 10-11).

"Uma das grandes distinções entre a educação de adultos e a educação convencional é encontrada no processo de aprendizagem em si mesmo. Nenhum outro, senão o humilde pode vir a ser um bom professor de adultos. Na classe do estudante adulto a experiência tem o mesmo peso que o conhecimento do professor. Ambos são compartilhados par-a-par. De fato, em algumas das melhores classes de adultos é difícil de se distinguir quem aprende mais: se o professor ou o estudante. Este caminho duplo reflete também na divisão de autoridade. Na educação convencional o aluno se adapta ao currículo oferecido, mas na educação de adulto, o aluno ajuda na formulação do currículo... Sob as condições democráticas, a autoridade é do grupo. Isto não é uma lição fácil, mas enquanto não for aprendida, a democracia não tem sucesso" (Ibid., p. 166).

Lindeman identificou, pelo menos, cinco pressupostos-chave para a educação de adultos e que mais tarde se transformaram em suporte de pesquisas. Hoje, eles fazem parte dos fundamentos da moderna teoria de aprendizagem de adulto:

• Adultos são motivados a aprender quando percebem que suas necessidades e interesses serão satisfeitos. Por isso, estes são os pontos mais apropriados para se iniciar a organização das atividades de aprendizagem do adulto;

- A orientação de aprendizagem do adulto está centrada na vida. Por isso, as unidades apropriadas para se organizar seu programa de aprendizagem são as situações de vida e não disciplinas;
- A experiência é a mais rica fonte para o adulto aprender, logo, o centro da metodologia da educação do adulto é a análise das experiências;
- Adultos têm uma profunda necessidade de serem autodirigidos. O papel do professor é engajar-se no processo de mútua investigação com os alunos e não apenas transmitir-lhes seu conhecimento e depois avaliá-los;
- As diferenças individuais entre pessoas cresce com a idade, então, a educação de adultos deve considerar as diferenças de estilo, tempo, lugar e ritmo de aprendizagem.

Muitos outros estudos foram continuados por vários pesquisadores, entre os quais Edward L. Thorndike (The Adult Learning, 1928/USA) e Lawrence P. Jacks (Journal of Adult Education, 1929/Inglaterra).

Até 1940, apesar de haver elementos suficientes para a elaboração de uma teoria compreensível sobre a aprendizagem de adulto, eles estavam dispersos e necessitavam de uma unificação teórica. Entre 1940 e 1950, esses princípios foram esclarecidos, reelaborados e incorporados a uma explosão de conhecimentos oriundos de várias disciplinas das ciências humanas. A psicoterapia, por exemplo, foi uma das ciências que mais contribuíram para a andragogia porque os psicoterapeutas estão voltados essencialmente para a reeducação da população adulta. A seguir, alguns dos nomes de destaque nessa ciência e seus enfoques:

Sigmund Freud, apesar de não ter formulado uma teoria específica de aprendizagem, muito contribuiu com seus estudos sobre o "subconsciente e comportamento". Seus conceitos sobre ansiedade, repressão, fixação, regressão, agressão, mecanismos de defesa, projeção e transferência (bloqueando ou motivando a aprendizagem) têm sido objeto de discussão na formulação da teoria de aprendizagem.

Carl Jung, com sua visão holística, forneceu um grande suporte para a andragogia ao introduzir a noção de a consciência humana possuir quatro funções ou quatro maneiras de extrair informações das experiências para a internalização da compreensão: sensação, pensamento, emoção e intuição.

Erick Erikson estudou sobre as "oito idades do homem" para explicar os estágios do desenvolvimento da personalidade humana. As três últimas ocorrem na fase adulta:

- Oral-sensorial (confiança x desconfiança);
- Muscular-anal (autonomia x vergonha);
- Locomoção-genital (iniciativa x culpa);
- Latência (labor x inferioridade);
- Puberdade e adolescência (identidade x confusão de papéis);
- Jovem adulto (intimidade x isolamento);
- Adulto (geração x estagnação);
- Estágio final (integridade x desespero).

Abraham H. Maslow enfatizou o papel da segurança no processo de crescimento:

> "A pessoa sadia interage, espontaneamente, com o ambiente, através de pensamentos e interesses e se expressa independentemente do nível de conhecimento que possui. Isto acontece se ela não for mutilada pelo medo e na medida em que se sente segura o suficiente para a interação" (MASLOW, 1972, pp. 50-51).

Carl R. Rogers, talvez o psicoterapeuta mais específico na educação de adultos, enfatiza que, em geral, terapia é um processo de aprendizagem. Ele desenvolveu dezenove proposições para a teoria da personalidade e comportamento, baseado nos estudos da terapia do adulto. Com isso fez um paralelo entre ensino centrado no estudante e terapia centrada no cliente. Para Rogers,

> "... não podemos ensinar diretamente outra pessoa; podemos, apenas, facilitar sua aprendizagem (1951:, p. 132).
> Uma pessoa aprende, significativamente, somente aquelas coisas que percebe estarem ligadas com a manutenção, ou ampliação da estrutura do seu eu" (Ibid., pp. 388-391).

Esses pesquisadores, dentre muitos outros, deram o suporte para o desenvolvimento da Andragogia como ciência da educação de adulto que, a partir de 1949, foram integradas numa moldura, através das publicações de Harry Overstreet's *The Mature Mind* e continuaram com as publicações de Malcolm Knowles *Informal Adult Education*, em 1950, Edmund Brunner's *Overview of Research in Adult Education*, 1954, J.R. Kidd's *How Adults Learn*, 1959, J.R. Gibb's, *Handbook of Adult Education in the U.S.*, 1960, e Harry L. Miller's *Teaching and Learning in Adult Education*, 1964.

III.4.2 Andragogia é a antítese da pedagogia

Malcolm Knowles conta no seu livro *The Adult Learner a Neglected Species* que começou na tentativa de formular a Teoria de Aprendizagem de Adultos em 1950. Mais tarde, em 1960, pela primeira vez, teve contato com a palavra Andragogia através de um educador iugoslavo que participava de um workshop de verão na Universidade de Boston. Foi então que ele entendeu o significado da palavra e a adotou como a mais adequada para expressar a "arte e ciência de ajudar adultos a aprender".

Quando o dr. Knowles começou a construir o modelo andragógico de educação, ele o concebeu como a antítese do modelo pedagógico andragogia x pedagogia. Os pressupostos da pedagogia baseiam-se nos princípios de ensinar e aprender introduzidos no século VII. Mais tarde, a escola secular começou a se organizar dentro do mesmo modelo, dando origem à Escola Pública no Século XIX. Desta forma, todo o sistema educacional, incluindo a educação de alto nível, ficou congelado dentro do modelo pedagógico.

Segundo a análise de Knowles, o modelo pedagógico preconiza total responsabilidade do professor para as decisões sobre *o que* será ensinado, *como* e *se foi* aprendido. É a educação dirigida pelo professor, deixando para o aprendiz apenas o papel de submissão às suas instruções. Isso porque suas premissas, acerca do aprendiz, resumem-se em:

- *A necessidade de conhecer.* Aprendizes necessitam saber somente *o que* o professor tem a ensinar, se eles quiserem ser aprovados. Eles não precisam saber *como* aplicarão o ensinamento em suas vidas;
- *O autoconceito do aprendiz.* O conceito do professor sobre o aprendiz é o de uma pessoa dependente, por isso, o autoconceito do aprendiz torna-se o de personalidade dependente;
- *O papel da experiência.* A experiência do aprendiz tem pouco valor como fonte de aprendizagem. A experiência considerada é a do professor, do livro didático, do escritor e dos recursos audiovisuais. Por isso, técnicas de transmissão — leituras, dever de casa, etc. — são a essência da metodologia pedagógica;
- *Prontidão para aprender.* Aprendizes estão prontos para aprender o que o professor determina que eles devam, se eles quiserem passar de ano;
- *Orientação para aprendizagem.* Aprendizes têm a orientação de aprendizagem voltada para disciplinas. Eles vêem o aprendizado como uma aquisição de

conteúdos. Por isso, as experiências de aprendizagem são organizadas de acordo com a lógica de conteúdo programático;
- *Motivação.* Aprendizes são motivados a aprender através de motivadores externos como notas, aprovação/reprovação, pressões dos pais, etc.

III.4.3 As premissas andragógicas

Diante dos seis pressupostos pedagógicos mencionados anteriormente, a Andragogia se dispôs a questionar a validade dos mesmos para o relacionamento educacional com adultos. Afinal de contas, o respeito à maioridade da pessoa madura é o ponto fundamental para se estabelecer uma relação de efetiva aprendizagem. Esse respeito passa pela compreensão de que o adulto é sujeito da educação e não o objeto da mesma. Daí a inconveniência do professor como principal referência da relação educacional e a fonte do conhecimento a ser depositado no reservatório do aprendiz, o que Paulo Freire denomina de "Educação Bancária". O indivíduo que intenciona trabalhar na educação de adultos tem que, antes de tudo, ser humilde para descer do pedestal da sua cátedra e se estabelecer no mesmo plano de aprendizagem, para, numa mútua relação de compartilhamentos, se desenvolver com o aprendiz.

Considerando, portanto, que o aprendiz adulto interage diferentemente da criança na relação educacional, as premissas pedagógicas mencionadas anteriormente devem ser substituídas pelas Andragógicas nos seguintes termos:

- *Necessidade de conhecer.* Aprendizes adultos sabem, mais do que ninguém, da sua necessidade de conhecimento e para eles *como* colocar em prática conhecimento no seu dia-a-dia é fator determinante para o seu comprometimento com os eventos educacionais;
- *Autoconceito de aprendiz.* O adulto, além de ter consciência de sua necessidade de conhecimento, é capaz de suprir essa carência de forma independente. Ele tem capacidade plena de se autodesenvolver;
- *O papel da experiência.* A experiência do aprendiz adulto tem central importância como base de aprendizagem. É a partir dela que ele se dispõe ou se nega a participar de algum programa de desenvolvimento. O conhecimento do professor, o livro didático, os recursos audiovisuais, etc. são fontes que, por si mesmas, não garantem influenciar o indivíduo adulto para a aprendizagem. Essas fontes, portanto, devem ser vistas como referenciais opcionais colocados à disposição para livre escolha do aprendiz;

- *Prontidão para aprender.* O adulto está pronto para aprender o que decide aprender. Sua seleção de aprendizagem é natural e realista. Em contrapartida, ele se nega a aprender o que outros lhe impõem como sua necessidade de aprendizagem;
- *Orientação para aprendizagem.* A aprendizagem para a pessoa adulta é algo que tem significado para o seu dia-a-dia e não apenas retenção de conteúdos para futuras aplicações. Como conseqüência, o conteúdo não precisa, necessariamente, ser organizado pela lógica programática, mas sim pela bagagem de experiências acumuladas pelo aprendiz;
- *Motivação.* A motivação do adulto para aprendizagem está na sua própria vontade de crescimento, o que alguns autores denominam de "motivação interna" e não em estímulos externos vindo de outras pessoas, como notas de professores, avaliação escolar, promoção hierárquica, opiniões de "superiores", pressão de comandos, etc.

III.4.4 Princípios andragógicos

O conceito de adulto que defendemos é, de forma simplificada e resumida, indivíduo maduro o suficiente para assumir as responsabilidades por seus atos diante da sociedade. Entretanto, a maturidade humana apresenta uma certa complexidade para a definição dos seus limites e por isso varia de cultura para cultura.

Para a elaboração de um conceito mais completo e objetivo devemos considerar, pelo menos, quatro aspectos da capacidade humana: sociológico, biológico, psicológico e jurídico.

A capacidade sociológica diz respeito aos padrões que a sociedade estabelece para reconhecer a independência do indivíduo de assumir sua responsabilidade produtiva. É relacionada, portanto, ao plano econômico.

A biológica refere-se à potencialidade de reprodução da espécie. Essa fase é marcada pela puberdade, ou seja, o menino é capaz de ejacular e a menina de menstruar, o que anuncia a maturidade física e conseqüente capacidade de procriação.

A psicológica está ligada à independência psíquica do indivíduo. É caracterizada pela competência auto-administrativa que permite ao indivíduo estabelecer seu próprio equilíbrio, resultante dos conflitos cognitivos que são gerados pelas forças dissonantes e consonantes do processo mental.

A jurídica é relacionada às normas legais para o relacionamento público do cidadão. Nessa esfera, ele é considerado apto ou não para responder por seus atos que, porventura, venham a infringir os padrões morais de convivência social.

Expandindo o conceito de adulto que apresentamos anteriormente, de acordo com as quatro capacidades definidas acima, poderíamos colocar que adulto é aquele indivíduo que ocupa o *status* definido pela sociedade, por ser maduro o suficiente para a continuidade da espécie e auto-administração cognitiva, sendo capaz de responder pelos seus atos diante dela.

Concluindo a discussão sobre a definição do ser adulto, é importante frisar que não podemos separar o conceito do contexto social, sob o risco de sua alienação, uma vez que é o acordo entre os indivíduos da sociedade que estabelece o padrão de vida comunitária. Daí sua variação de sociedade para sociedade.

Uma vez estabelecido o que entendemos por ser adulto, podemos, a seguir, refletir nos princípios que devem nortear o relacionamento com a pessoa madura. Elaboramos 14 princípios, em apologia aos 14 pontos de Deming, para expressar a essência da Andragogia, ao mesmo tempo em que fornecemos um referencial objetivo para o relacionamento de cunho educacional na organização:

1) Adulto é dotado *de consciência crítica e consciência ingênua*. Sua postura próativa ou reativa tem relação direta com seu tipo de consciência predominante;
2) Compartilhar experiências é fundamental para o adulto, tanto para reforçar suas crenças quanto para influenciar as atitudes dos outros;
3) A relação educacional de adulto é baseada na interação entre facilitador e aprendiz, onde ambos aprendem entre si num clima de liberdade e pró-ação;
4) A negociação com o adulto sobre seu interesse em participar de uma atividade de aprendizagem é chave para sua motivação;
5) Centro das atividades educacionais de adulto é na aprendizagem e jamais no ensino;
6) Adulto é o agente de sua aprendizagem e por isso é ele quem deve decidir sobre o que aprender;
7) Aprender significa adquirir: Conhecimento — Habilidade — Atitude (CHA). O processo de aprendizagem implica a aquisição incondicional e total desses três elementos;
8) O processo de aprendizagem do adulto desenvolve-se na seguinte ordem: Sensibilização (motivação) — Pesquisa (estudo) — Discussão (esclarecimento) — Experimentação (prática) — Conclusão (convergência) — Compartilhamento (sedimentação);
9) A experiência é o melhor elemento motivador do adulto, logo, o ambiente de aprendizagem com pessoas adultas é permeado de liberdade e incentivo

para cada indivíduo falar de sua história, idéias, opinião, compreensão e conclusões;
10) Diálogo é a essência do relacionamento educacional entre adultos, portanto, a comunicação só se efetiva através dele;
11) A práxis educacional do adulto é baseada na reflexão e ação, conseqüentemente os assuntos devem ser discutidos e vivenciados para que não se caia no erro de se tornar verbalistas, sabem refletir, mas não são capazes de colocar em prática, ou ativistas, ou seja, que se apressam a executar, sem antes refletir, nos prós e contras;
12) Quem tem capacidade de ensinar o adulto é apenas Deus, que conhece o íntimo da pessoa e suas reais necessidades. Se você não é Deus, não se atreva a desempenhar esse papel;
13) Professor tradicional prejudica o desenvolvimento do adulto, pois coloca-o num plano inferior de dependência, reforçando, com isso, seu indesejável comportamento reativo próprio da fase infantil;
14) Professor que exerce a "Educação Bancária", depositador de conhecimentos, cria a perniciosa relação de opressor *versus* oprimido que pode influenciar, negativamente, o modelo cognitivo do indivíduo pela vida inteira.

III.4.5 Construção da prática andragógica no ensino superior

As instituições de ensino superior (universidades, centros universitários, faculdades isoladas, etc.) devem ser vistas como agências transmissoras do saber consagrado, questionadoras desse mesmo saber e, ainda, criadoras de novos saberes, instigadoras, onde a curiosidade, a ousadia e a iniciativa sejam estimuladas, segundo Vasconcellos, na abordagem que faz em sua obra *A formação do professor do Ensino Superior*. Portanto, que tipo de docente deve-se ter nas instituições de ensino, capaz de atender a essas necessidades?

O docente ideal deveria ter três capacidades igualmente desenvolvidas:

- Bom orientador do conhecimento dentro dos princípios andragógicos;
- Bom crítico das relações socioculturais da sociedade que o cerca e do momento histórico em que vive;
- Bom pesquisador, capaz de, através de estudos sistemáticos e de investigações empíricas, produzir o novo e induzir seu aluno à criação.

O que se vê na realidade das nossas universidades, centros universitários e das escolas isoladas de Ensino Superior, no entanto, é a maioria dos docentes com ausência de uma das capacidades que formam o ideal do docente do Ensino Superior.

A necessidade de um profissional completo, não tão especializado em uma única vertente de sua profissão, é sentida não só no campo do magistério, como também em todas as áreas de atuação humana, frente a novas premissas que emergem onde a tecnologia e os meios de comunicação mudam as necessidades sociais com uma rapidez nunca antes exigida.

O perfil de qualquer profissional que pretenda manter-se atualizado será o do empreendedor, um profissional competente em sua área, com visão das questões gerais da sociedade que cerca a sua empresa e a si mesmo, aberto ao novo e com poder de tomada de decisões rápidas e seguras. Acima de tudo, um indivíduo aberto ao aprendizado constante.

Segundo Cunha, a concepção que se tem de Educação, bem como do papel dela na sociedade que se quer ter, exerce influência sobre a proposta de formação/capacitação docente.

> "Quase todas as propostas atuais contemplam o saber específico, o saber pedagógico e o saber político-social como partes integrantes da formação dos professores. A ênfase em um desses elementos e o ponto de partida para esta formação é que diferem de autor para autor. O principal ponto de discussão parece ser a relação que se estabelece entre essas três abordagens" (CUNHA, Maria Isabel da. O bom professor e sua prática. Campinas: Papirus, 1992).

O profissional que, durante o seu período de formação educacional, tiver "aprendido a aprender" não será nunca descartado por sua obsolescência, atualizando-se sempre.

No caso da docência no Ensino Superior, nas nossas universidades pode ser encontrada a figura do excelente professor, no sentido estrito de "transmissor de conhecimentos". Conhece bastante o assunto da sua especialidade e transmite, com muita competência, aquilo que sabe. Entretanto, não tem conhecimento nenhum da prática andragógica, reproduzindo um ato pedagógico diretivo, uma ação "bancária", sem compromisso com a aprendizagem e sim com o ensino. Com referência à pesquisa, estuda o já produzido para manter-se atualizado em relação ao conteúdo de sua disciplina. Não se dedica a ela enquanto estratégia de ensino para gerar novos conhecimentos, apenas executa seu trabalho com neutralidade e homogeneidade.

Em contrapartida ao tipo traçado no parágrafo anterior, existe o professor que, de tão preocupado com as questões estruturais da sociedade e seu conturbado e crítico momento socioeconômico-cultural, se agarra ao papel de conscientizador de seus alunos, deixando de lado sua função formadora e informadora, não transmitindo nem criando conhecimentos, perdendo-se totalmente na crítica excessiva (e, muitas vezes, político-partidária).

Também pode ser encontrada a figura do pesquisador emérito, eficiente e consagrado que dedica o máximo de seu tempo ao estudo e à pesquisa, com uma produção científica relevante e altamente contributiva para o avanço das ciências de um modo geral. Este tipo de profissional, no entanto, resume sua atividade docente ao menor número de aulas possível, privando, dessa forma, aqueles que poderiam ser seus alunos de serem "contaminados" pelo gosto e curiosidade científica que lhe são tão característicos, além da chance de virem a aprender, de fato, o papel de futuros pesquisadores.

Por último, pode ser encontrada a figura daquele professor que tenta conciliar docência e pesquisa. Este está principalmente nas universidades particulares e precisa dar elevado número de aulas para garantir um salário razoável. Suas pesquisas desenvolvem-se como atividades concomitantes à docência e com tempo de dedicação muito aquém do desejado, tempo este geralmente retirado de suas horas de descanso ou lazer. Uma ou outra dessas duas atividades acaba por ficar prejudicada, sendo postergada. Este é um profissional dividido, em conflito diante do que quer e do que pode realizar.

O que cumpre ressaltar neste momento é que, na atualidade, todos esses tipos de docentes até agora mencionados, e outros aqui não arrolados, complementam-se, suprindo uns as necessidades e/ou carências dos outros, transformando o conjunto de profissionais do magistério superior em um corpo vivo e com características dinâmicas.

Desde o início, a preocupação central de nossos questionamentos voltou-se para o "amadorismo pedagógico", permitido ao docente do Ensino Superior com base na opinião, quase consensual, de que, para ser um bom professor, basta o conhecimento do conteúdo específico, a prática profissional vivenciada e um certo "dom" para dar aulas.

A visão do professor vocacionado é extremamente ideológica, pois é necessário se apropriar da pedagogia, se o trabalho for com crianças, e da andragogia, se ele for com jovens e adultos.

O ensino de nível superior, como o de qualquer nível, desenvolve-se centrado em dois pólos principais: o professor e o aluno. Dependendo da ênfase que se dê a um ou a outro, teremos um determinado tipo de escola, voltada para um objetivo específico e com diferenças básicas entre si.

Na realidade, em vez da polarização existente, colocando de um lado o professor como aquele que ensina e, do outro, o aluno que tem de aprender, dever-se-ia sempre pensar a Educação reunindo esses dois elementos-chave num único processo, o de ensino-aprendizagem, equilibrando, na valoração de cada um, a importância de ambos.

De que adianta um professor que apenas se preocupa com o ato de ensinar, transmitindo seus conhecimentos e experiências, sem se inquietar com o fato de estar ou não o seu aluno aprendendo? Existe "ensino" onde não há aprendizagem? Esse tipo de docente, preocupado exclusivamente com a "instrução", embora bastante freqüente ainda nas escolas brasileiras de qualquer nível de ensino, surge em completa dissonância com as necessidades e/ou aspirações de seu alunado.

Daí a fundamental importância de se levar o docente universitário a refletir sobre sua prática profissional. Suas facilidades e limitações, bem como as de seus alunos, devem ser analisadas a fim de buscar o entendimento necessário da sua própria ação. Por que ensina, para que e para quem são questões básicas que, se respondidas, levarão imediatamente a outras perguntas decorrentes. Como se aprende e qual a melhor forma? Esta prática é indubitavelmente a andragogia em construção.

É de Nádia Silveira a constatação de que só poderá redimensionar e aperfeiçoar a sua prática, o professor que buscar conhecer, em profundidade, o processo de ensino-aprendizagem "...seja do ponto de vista de suas etapas, seja das funções requeridas no ato de aprender" (SILVEIRA, A: 1998, p. 35-46).

Objeto de estudo por parte de todos os elementos envolvidos na tarefa de educar e, no caso específico do Ensino Superior, ampliando essas noções em direção à pesquisa, pois, como afirma Demo, "...contato pedagógico próprio da universidade é aquele mediado pela produção/reconstrução de conhecimento" (DEMO:1993).

Se o professor pretende tornar efetiva a sua atuação profissional enquanto docente, não há como ignorar o fato de que o centro de toda ação andragógica está sempre no aluno e, mais precisamente, na aprendizagem que ele venha a realizar. Além do mais, que esse aprendizado possa ocorrer, de preferência, com o auxílio do professor e não apesar dele.

O número de definições que buscam conceituar o que seja a aprendizagem é imenso. Todas elas, no entanto, chamam a atenção para o fato de que se trata de um processo interno a cada indivíduo, fruto do pensamento reflexivo e baseado em experiências anteriores vividas e retidas pelo próprio indivíduo. Vejam, entretanto, a pertinente ressalva feita por Cunha de que

> "...aprender não é estar em atitude contemplativa ou absorvente, frente aos dados culturais da sociedade, e sim estar ativamente envolvido na interpretação e produção destes dados" (CUNHA: 1992).

A andragogia é a construção do homem na possibilidade de construção do conhecimento e da autonomia, levando-se em conta o aspecto ético do saber para que e para quem, resguardando a alteridade do mesmo homem.

Dar condições ao homem de se auto-educar, deslocando o educador para que seja orientador e facilitador do conhecimento é objetivo central da práxis andragógica. Logo, deve ser preocupação das instituições de Ensino Superior formar seus docentes dentro dos referenciais andragógicos, propiciando a inserção numa prática que poderá mudar o perfil de uma sociedade.

REFERÊNCIAS BIBLIOGRÁFICAS

ALMAN, Lawrence et all. *Readings in adult psychology.* Harper & Row, USA, 1982.

BEE, Helen et MITCHELL. *A pessoa em desenvolvimento.* São Paulo: Habra, 1984.

BRUNDAGE, D. *Adult Learning Principles and their Apllications.* Ontaro: Institute, Canadá, 1980.

BRUNER, E. de S. *An Overview Of Adult Education Research.* Washington, D.C. Adult Education Association, 1959.

COL, Naomi. *Passing Through Transitions.* Free Press, USA, 1981.

CROS, K. Patricia. *Adults As Learners.* Josseo-Bass, USA, 1981.

CUNHA, Maria Isabel da. *O bom professor e sua prática*. Campinas: Papirus, 1992.

DEMING, William Edwards. *Qualidade*: A revolução da Administração. Rio de Janeiro: Marques Saraiva, 1990.

DAMASIO, R. Antônio. *O erro de Descartes*. São Paulo: Cia. das Letras, 1996.

DE MASI, Domenico. *A hora da inteligência*. VP Exame, p. 60, fevereiro 1995.

DEMO, Pedro. *Desafios modernos da educação*. Petrópolis: Vozes, 1993.

ERICKSON, Eric. *Identity and the Life Cicle*. Norton, USA, 1980.

FREIRE, Paulo. *Educação como prática de liberdade*. Rio de Janeiro: Paz e Terra, 1982.

____. *Educação e Mudança*. Rio de Janeiro: Paz e Terra, 1981.

____. *Pedagogia da Esperança*. Rio de Janeiro: Paz e Terra, 1992.

____. *Pedagogia do Oprimido*. Rio de Janeiro: Paz e Terra, 1987.

FROMM, Erich. *A Revolução da Esperança*. São Paulo: Zahar, s/d.

____. *Ter ou ser*, São Paulo: Zahar, s/d.

GARDNER, Howard. *Estruturas da mente*: A teoria das inteligências múltiplas. Artes Médicas, 1996.

____. *Inteligências múltiplas*. Artes Médicas. PA, 1995.

GIBBS, J.R. *Handbook of adult education*. 1960.

GOLEMAN, Daniel. *Inteligência emocional*. Rio de Janeiro: Objetiva, 1995.

GREGOC, Anthony F. *Frames of Mind:* The Theory of Multiple Intelligences. New York: Basic Books, 1993.

HUTSCH, D. et all. *Adult Development And Aging*. McGraw-Hill, USA, 1981.

JARVIS, Peter. *Adult Learning in the Social Context*. Croom Helm. USA, 1987.

____. *Twenty Century Thinkers in Adult Education*. Routledge, USA, 1987.

KIDD, J. R. *How Adults Learn*. New York. Association Press, 1959.

KNOWLES, Malcolm S. *Informal Adult Education,* 1950.

____. *The Adult Learner A Neglected Species*. Gulf Publishin Compano. Houston, 1990.

____. *Andragogo Versus Pedagogo*. Association Press, USA, 1980.

____. *Self-Directed Learning*. Association Press, USA, 1975.

____. *The Adult Learner*. Gulf Publishing. USA, 1990.

____. *The Making of an Adult Educator*. Jorsseo Bass, USA, 1989.

____. *The Modern Practice of Adult Education, From Pedagogo to Andragogo*, Cambridge, USA, 1980.

KRAMER, Helen. *Deixe de ser criança*. Rio de Janeiro: Record, 1997.

LIMA, Lauro de Oliveira. *Por que Piaget*. São Paulo: Sesc, 1980.

LINDEMAN, Eduard C. *The Meaning Of Adult Education*. New York: New Republic, 1926.

MACEDO, Alberto Amarante e PÓVOA, Francisco Liberato. *Glossário da Qualidade Total*. FCO, Belo Horizonte: 1994.

MASLOW, A. H. *Defense and Growth. The Psychology of open Teaching And Learning*. Boston: Little Brown, 1972.

MEGALE, Januário Francisco. *Introdução às Ciências Sociais*. São Paulo: Atlas, 1990.

MILLER, H. L. *Teaching and Learning in Adult Education*. New York: Macmillan, 1964.

MINSKI, Marvin. *A sociedade da mente*. Rio de Janeiro: Francisco Alves, 1989.

MOSQUERA, Juan. *Vida adulta:* PERSONALIDADE E DESENVOLVIMENTO. Sulina, PA, 1983.

MUCHIELLI, Roger. *A formação de adultos*. Lisboa: Martins Fontes, 1976.

NEE, Watchman. *O homem espiritual*. Belo Horizonte: Edições Porousia, 1968.

OLIVEIRA, Milton. *Energia emocional*. Base para Gerência Eficaz. São Paulo Makron Books, 1997.

PENROSE, Roger. *A mente nova do rei*. São Paulo: Campus, 1991.

ROGERS, C. R. *Client-Centered Therapy*. Boston: Houghton-Mifflin, 1951.

ROGERS, Carl R. *Tornar-se pessoa*. *São Paulo:* Martins Fontes, 1961.

ROSA, Merval. *Psicologia da idade adulta*. Petrópolis: Vozes, 1982.

____. *Liberdade de aprender*. Belo Horizonte: Interlivros, 1973.

____. *Um jeito de ser*. São Paulo: EPU, 1983.

SILVEIRA, Nádia D. Ruiz. *Cadernos CEDES*. São Paulo, n.º 21, pp. 35-46, 1988.

THORNDIKE, Edward L. *Adult Learning*. New York: Macmillan, 1928.

TOFLER, Alvin. *Learning for Tomorrow*. Vintage, USA, 1974.